농구장 한 바퀴,
세상에 외치다

알립니다

- 위 글은 2022년 10월~2023년 5월까지, 타이틀 날짜 기준으로 작성된 내용임을 알려드립니다.

- 본서는 필자가 직관 후 기록한 당일 일기를 바탕으로 작성되었음을 알려드립니다.

- 위 글은 필자의 객관적, 주관적 견해로 작성되었음을 알려드립니다.

목차

2. 역대급 폭설과 한파

3. 입춘의 만개

머리말

흔히 스포츠를 각본 없는 드라마라고 한다. 예측 불허의 스토리와 치열한 명승부는 많은 대중이 스포츠에 열광하는 근본적인 이유이며, 가지고 있는 특색 구현을 위해 서로 피 튀기게 싸우는 노력과 열정 등이 있는 그대로 표출되는 점에서 드라마나 영화 등과 차이가 있다. 드라마나 영화 등은 영화감독의 시나리오 하에 짜인 대본과 연기 등으로 배우들의 열연이 이어지지만, 스포츠에서 짜인 스토리라는 것은 절대 일어날 수 없을뿐더러 있어서도 안 된다. 또, 우리네 세상만사와 가장 많이 맞닿아있는 콘텐츠 중 하나가 스포츠다. 승리를 통해 얻는 희열은 직접 뛰는 선수단뿐만 아니라 지켜보는 팬들과 그 가족 등 모든 이들에게 대리만족을 절로 느끼게 하며, 패배로 깊은 상실감에 빠질 때는 함께 아파하고 슬퍼하면서 다음에 더 잘 될 것이라는 위로와 희망을 잃지 않게 만드는 원동력을 양산한다.

그중 농구는 대중들에 있어 분명 매력적인 스포츠다. 좁은 코트 안에서 격렬한 몸싸움과 움직임 등은 마치 전쟁터에서 총칼을 들고 싸우는 장정들의 향기를 절로 피어오르게 하고, 신체 접촉이 빈번한 종목의 특성과 함께 공, 수 전환이 빠르게 이뤄지는 스릴도 마니아들과 팬들에게 큰 재미와 만족 등을 동시에 안겨다 준다. 또, 20여 점 차 리드를 하고 있다가도 언제 뒤집힐지 모르는 불확실성은 엔도르핀을 저절로 분출시키게 만들고, 속공과 3점 슛, 덩크슛 등 팬들과 벤치를 환호하게 할만한 요소들도 충분히 완비되어 있다. 이러한 부분들이 현대인들이 삶을 살아가는 데 있어 울림을 줄 수 있는 매개체와도 같고, 필자가 농구를 좋아하고 빠지는 이유도 이러한 맥락에서 풀이가 가능하다. 세상만사 모든 부분들이 다 녹아있는 매개체라고나 할까? 우리네 이 땅에 나오면서 다 유년기, 청소년기, 성년기를 거친다. 저마다 걸어온 환경과 가치관 등이 판이하게 다르지만, 적어도 각자 위치에서 무언가를 할 때 숱한 과정들과 상황들 속에 희비가 롤러코스터를 타는 일이 빈번하다는 것만큼은 크게 변하지 않는다.

현대인들의 인생 그래프도 마치 롤러코스터와 다를 바 없을 테니까. 한국 남자프로농구(KBL)는 한 시즌 6라운드 54경기로 치러진다. 54경기를 치르면서 강팀과 약팀을 막론하고 단일 시즌 원하는 바를 쟁취하기 위해 4~5개월간의 비시즌 동안 비지땀을 쏟아내며 결전에 대비한다. 팀과 선수 모두 잘된 부분은 더욱 견고하게 가져가면서 미진한 부분을 채워가는 데 주력하고, 이 과정에서 숱한 시행착오와 담금질 등을 거쳐 가며 최상의 시너지 효과 도출을 모색한다. 우리네 삶도 마찬가지다. 매년 새로운 한 해가 시작될 때 공과 사를 막론하고 저마다 추구하는 바가 있을 것이고, 한 해 로드맵 수립을 토대로 차근차근 실행에 옮기기도 한다. 작심삼일이라는 말처럼 금방 휴지 조각처럼 변하기도 하지만, 온갖 돌발상황 속에서도 사소한 것부터 착실하게 챙겨가는 부분만큼은 삶의 동기부여를 찾는 데 있어 분명 긍정 회로를 밝히지 않나 생각된다. 농구 역시 한 시즌을 치르다 보면 숱한 돌발상황과 마주하게 된다. 시즌 전 다져놓은 경기력이 잘 나오지 않아 연패를 타는 경우가 있는가 하면, 외국인 선수들과 용병 선수들의 부상 등으로 팀 전열에 막대한 출혈을 입는 경우가 늘 각 팀에 크나큰 리스크로 다가온다. 그렇게 해서 순위가 급격히 하강하게 되는 일도 비일비재하다. 그래도 프로 선수라는 직업적 본분 아래 돌발상황 속에서도 난관을 타개하려는 노력과 의욕 등만큼은 현대인들이 직업윤리 실현에 좋은 표본이 되리라 생각되고, 자그마한 위로와 희망의 등불이 되는 동력으로 삼기에도 부족함이 없다고 자부한다. 매년 대한민국은 사회 전반적으로 다양한 스토리가 매일같이 양산되는 것이 백미다. 이는 스포츠에만 국한되지 않고 모든 분야에 해당되는 것이기도 하다. 더군다나 대한민국을 넘어 세계적으로 크나큰 이슈가 된 '10.29 이태원 참사', '서울 지하철 파업' 등과 같은 굵직굵직한 사건들이 사회 전반을 뒤흔들었고, 2022년 가을날 슬픔과 통곡, 허탈 등의 감정이 스포츠에도 예외가 아니었다는 부분 역시 피부로 확 와닿게 한다. 그래도 가을날 초입 슬픔에 가득한 국민적 정서 속에서도 프로농구 코트에서 땀과 열정만큼은 굳건했고, 박진감 넘치는 경기력과 그 속에 담긴 스토리 등은 많은 팬들의 아드레날린과 엔도르핀 등을 저절로 샘솟게 했다. 그와 함께 늘 거리 곳곳에 볼 수 있는 풍경과 분위기 등도 시간이 흐를수록 이전과 크게 다르지 않게 돌아온 것이 얼마나 다행인지 모르고, 절기, 사건 등에 담긴 스토리를 통한 세상만사도 프로농구 코트에서 벌어진 스토리와 레이스 등과의 접목은 훗날 하루하루 발자취를 추억할 때 굉장히 흥미롭게 머릿속을 맴돌지 않을까 기대한다.

흔히 여행, 즉 투어는 우리네 삶에 있어 견고한 에너지원과 마찬가지다. 필자뿐만 아니라 농구를 좋아하시는 팬분들이라면 KBL 10개 구단 홈 코트를 한 번씩 투어하면서 투어날 거리 곳곳 풍경과 분위기 등을 체감하는 것이 굉장히 매력적이지 않을까 생각되고, 내면의 힐링을 동시에 안겨다 줄 수 있으리라 본다. 스포츠, 즉 농구장 투어에 대한 늘 설렘과 기대 등을 가지고 있는 필자가 느끼는 감정적 희열도 자연스럽게 어우러진다. 지역마다 도시 분위기, 특성 등이 다 다르기에 그런 것이 아닐까? 비단 농구뿐만 아니라 스포츠를 좋아하시는 팬들이라면 직관과 투어의 콜라보레이션을 꾀했을 때 그 가치와 희열 등이 더 올라가지 않을까 생각되며, 다시 한번 느낀다. 스포츠, 즉 가을날 시작돼 봄에 마무리되는 농구장의 스릴과 열정이 농구팬 여러분들은 물론, 현대 사회를 살아가는 모든 분의 세상만사에도 큰 힘과 희망이 될 것이라는 것을.

1.
새로운 시작과 설렘

새로운 시작,
그리고 출발

- 2022년 10월 15~16일

      모든 일을 마주할 때 새로운 시작에는 늘 설렘과 기대, 흥분 등이 공존한다. 유년기-청소년기-청년기-성년기 등 인간의 생애 주기에서 학교에 입학할 때 새 학기가 되면 학급 담임 교사가 어떤 사람인지, 학급에 어떤 새 동급생이 들어왔는지, 성인이 돼서 대학에 진학할 때 어떤 동기들이 들어왔는지, 캠퍼스의 꽃인 미팅 파트너가 어떤지 등 생애 주기별로 각기 다른 요인들이 숨어있다. 시작점에서 좋게 풀리고 안 좋게 풀리고는 사람마다 처한 상황, 환경 등에 따라 달라질 수 있지만, 어쨌든 새로운 시작을 토대로 출발을 열어젖히는 공통분모만큼은 현대 사회를 살아가는 모든 이들에게 공통적으로 적용되는 사항이 아닐까 싶다.

  갈수록 각박해지다 못해 살벌함까지 느껴지는 현대 사회에서 여가 생활의 향유는 삶에 있어 하나의 안식처와 같다. 우리는 흔히 스트레스가 심하거나 어렵고 힘든 일이 닥쳤을 때 별장을 찾아서 잠시나마 근심, 걱정을 잊고 심신 안정을 도모하기도 하는데, 스포츠를 좋아하는 팬들에게는 스포츠 자체가 각자 여가 생활 향유에 있어 핵심 수단과 같다. 특히 자신이 좋아하는 종목 시즌 개막이 다가오면 이러한 현상은 심화된다. 야구나 축구의 경우 초봄 농구나 배구의 경우 초가을에 각각 시즌이 개막되는데 팬들 나름대로 각자 좋아하는 팀과 선수 응원을 바라보고 감춰놓은 흥을 분출하려는 욕구가 용광로처럼 활활 타오르고, 자연스럽게 경기장으로 향하는 발걸음 역시 설레게 한다. 이뿐만 아니라 유니폼을 비롯한 MD 상품, 굿즈 구매 등으로 일체감 형성을 도모하며, 직관(직접 관전의 줄임말)과 함께 구장 인근 먹거리 섭취도 곁들이며 스포츠를 통한 여가 생활이라는 테두리 속에 소비 패턴을 형성하기도 한다.

대한민국은 프로야구, 프로축구, 프로농구, 프로배구를 4대 프로 스포츠라 칭한다. 겨울의 끝 무렵에 개막하는 프로축구와 벚꽃 만개와 함께 플레이볼을 외치는 프로야구, 늦더위가 저물어가는 10월 막을 올리는 프로농구, 프로배구로 이어지는 사계절 스포츠 투어를 계획하거나 매년 위 4개 종목 중 좋아하는 종목을 집중적으로 소비하면서 저마다 여가 라이프 구축을 꾀할 정도다. 각양각색의 라이프스타일을 지닌 현대인들에게 스포츠가 주는 영향력을 그대로 입증하는 대목이다. 스포츠를 하나의 '낙(樂)'으로 삼는 필자에게도 이는 예외는 아니다. 4대 프로스포츠 모두 비시즌에 차기 시즌 일정을 계획, 확정하는데 일정이 나오는 대로 나름의 스포츠 투어 구상을 도모하는 것이 삶에 한 부분으로 자리했고, 유니폼 및 MD 상품 구매 등을 마다하지 않으면서 일체감 형성을 꾀한다. 마치 오랜 골수 팬이라고나 할까. 4대 프로스포츠를 모두 섭렵하고 좋아하는 나 또한 매년 스포츠 관련 소식이 좋든, 안 좋든 남다른 애정과 충성도 등을 겸비하고 있다고 자부하며 생을 밟아오고 있기에 더 그렇다. 이는 필자가 시즌이 개막되면 늘 설레고 기대되고 흥분되는 주 이유다. 역대급 더위로 손꼽히기에 손색없었던 날도 저물어가고 한글날 연휴를 기점으로 제법 선선해진 2022년 10월 중순이다. 갈수록 지구 온난화 현상이 심화되고 있는 전 세계적인 추세에 유례없이 10월 초 여름날을 방불케 하는 불볕더위가 기승을 부리다가 낮과 밤의 일교차가 조금씩 커지고 있었는데, 이는 곧 계절의 변화를 암시하는 징조였다. 그러면서 겨울 스포츠의 꽃이라고 불리는 프로농구의 계절도 함께 찾아왔다. 나 역시도 프로농구 개막에 대한 설렘을 안고 개막전 체육관으로 발걸음을 옮기기 위해 어느 체육관을 2022-23 시즌 첫 여정지로 삼을지 고심 또 고심을 거듭했다. 고심 끝에 내린 결정은 바로 고양을 먼저 가보자는 것이었다. 고양을 먼저 가보자고 결정한 이유는 분명했다. 바로 오리온 농구단을 인수하고 새로운 출발을 열어젖힌 고양 캐롯 점퍼스의 역사적인 첫 경기이기 때문이었다.

　모든 팀이 매 시즌 개막할 때면 선수단과 주변 스태프, 팬들 모두 많은 기대감을 안게 되는데 사실 고양 캐롯 점퍼스의 개막전 개최까지 과정은 우여곡절이 있었다. 그 우여곡절은 다름 아닌 돈과 관련된 사항이다. 모든 일에 돈과 결부된 문제라면 신속하고 빠르게 해결하는 것이 인지상정이고, 상호 신뢰와 도덕성 등에도 영향을 끼칠 수밖에 없기에 더 그렇다. 실제로 아무리 좋은 관계를 형성하더라도 돈 문제에 있어 상호 신뢰가 깨지면 관계 유지가 이전만큼 쉽지 않고, 최악의 경우 루비콘 강을 건너는 일이 현대 사회에 비일비재하게 발생되고 있다. 캐롯 역시 오리온을 인수하는 과정에서 KBL 회원 가입금을 제 기간에 납입하지 못하면서 정상적인 운영에 대한 의구심을 증폭시키게 했고, KBL도 캐롯의 미납을 두고 제 기간 납입 약속을 어길 시 사상 초유의 정규리그 54경기 몰수패라는 최후통첩까지 내리게 된 것이다. 비시즌 기간 동안 시즌을 바라보고 굵은 땀방울을 쏟아낸 선수단에게는 청천벽력과도 같은 소식이다. 개인과 팀 전체의 노력이 경기 외적인 요소에 의해 물거품 되는 일은 있을 수 없는 일이며, 일어나서도 안 되는 일이다. 그렇기에 모든 시선이 캐롯의 돈 납입에 고정되는 것은 당연지사였고, 자칫 9구단 체재로 파행 운영의 우려 또한 적지 않았다. 오리온 시절부터 흡수된 팬들, 새롭게 유입된 팬들 등 팬 나름대로 어느 하나 할 것 없이 동절기 여가 향유 수단의 하나를 잃어버릴 수 있는 터라 팬들의 시선도 캐롯의 돈 납입에 쏠리기에 이르렀다. 어둠 속에 한 줄기 빛이 내리쬔다고 했던가. 가입금 납입을 놓고 시끌벅적하던 상황에 일단 캐롯의 모기업인 데이원스포츠에서 가입금 15억 원 중 1차 가입금 5억 원을 분할 납부하면서 급한 불을 조금이나마 끄게 됐다는 소식이 언론 보도로 공식화

된 것. 1997년 프로농구 출범 이래 첫 9구단 체재 운영이라는 파행을 막게 된 것은 물론, 정상적인 시즌 개막이 비로소 이뤄지게 됐다는 점에서 모든 이들에게 안도감을 선사하게 했다. KBL은 9구단 운영 시 발생하는 스폰서와 중계권료 위약금 지불 등의 불상사를 없앴고, 캐롯 선수단은 비시즌 동안 흘려온 땀과 열정 등을 펼칠 수 있는 무대가 마련됐다는 것이 얼마나 다행스러운 일인지 모른다.

우여곡절 끝에 비로소 항해를 내딛게 된 캐롯의 2022-23 시즌은 팀명 변경과 함께 스토리가 제법 존재했다. 우선 팀의 핵심이던 이승현이 자유계약선수(FA) 자격을 얻고 전주 KCC, 이대성이 현금 트레이드로 대구 한국가스공사에 각각 둥지를 틀며 전력에 막대한 출혈을 입었다. 농구뿐만 아니라 모든 스포츠에서 핵심 전력의 이탈은 새 판 짜기에 애로점이 적지 않은 것을 고려할 때 차-포를 모두 뗀 것이나 마찬가지다. 그러다 보니 타 팀에 비해 전력의 무게감이 떨어진다는 평가를 지울 수 없었다. 그러나 캐롯에는 믿는 구석이 있었다. 안양 KGC인삼공사 감독 시절 팀의 챔피언 2회(2016-17, 2020-21)를 지휘한 김승기 감독을 새 사령탑으로 앉히면서 슈터 전성현이 FA로 팀 전열에 새롭게 가세한 점에 있다. 뺏는 수비를 기반으로 공격적인 농구를 추구하는 김 감독의 스타일에 국내 정상급 슈터로 우뚝 선 전성현의 합류는 캐롯의 새 색채 구현에 안성맞춤이고, 2021-2022 시즌 루키로서 무한한 가능성을 보인 이정현, 이미 KBL 무대를 경험한 바 있는 외국인 선수 디드릭 로슨과 데이비드 사이먼의 존재도 전성현과 시너지 효과 창출은 물론, 공격 옵션 배가에 한 동력이다. 특히 이정현의 경우 김 감독이 집중적으로 에이스급 만들기 작업에 직접 팔을 걷어붙였고, 군산고–연세대 재학 시절부터 뛰어난 클러치 능력을 검증받아온 자원이라 김 감독의 품 안에서 어떤 활약상을 보일지에 대한 기대감은 컸다. 거기에 출전 기회가 적었던 선수들의 활용 폭을 늘리면서 가치를 끌어내는 김 감독의 육성 스타일도 식스맨급 자원들의 동기부여를 이끌어내기에 충분하다는 평가가 자자하기에 하위권이라는 세간의 예상을 깨기에 필요충분조건을 갖췄다. 이뿐만 아니라 전력 외적으로도 '농구 대통령' 허재가 구단 대표이사로 선임되면서 모처럼 농구판 컴백을 이루게 됐고, 2020년대 예능계 대표 '블루칩'으로 맹위를 떨치고 있는 허 대표의 네이밍을 토대로 홍보 효과 배가도 함께 가미할 복안이 가득했다. 모기업에 대한 의존도가 절대적인 대한민국 프로스포츠의 현실에서 기존 오리온 농구단을 인수한 데이원스포츠와 캐롯손해보험의 네이밍 스폰서 협약을 통한 자생력 강화 및 수익 창출 등의 구상 또한 대단히 파격적이었고, 금전 문제를 비롯해서 온갖 우려 섞인 시선에도 기자간담회를 통한 중 장기적인 포부 설명, 팀 창단식 개최, 컵대회 출전까지 성공적으로 소화하는 등 창단 첫 시즌 힘찬 항해를 시작할 채비를 마쳤다.

오리온 시절 홈 코트였던 고양체육관을 그대로 사용하는 캐롯 점퍼스의 역사적인 첫 경기를 보기 위해 지하철 3호선 대화역 방면 열차에 몸을 실었다. 스포츠뿐만 아니라 모든 행사에 있어 시설 접근성은 상당히 중요한 요소다. 제아무리 좋은 문화 상품을 즐기고자 해도 시설 접근이 불편하게 되면 발걸음을 향하기가 망설여지기 마련인데 그런 측면에서 고양체육관은 나뿐만 아니라 농구팬들에게 접근에 있어 최고 수준에 가깝다. 지하철 3호선 대화역 3번 출구에서 하차 후 도보로 약 5분여밖에 걸리지 않는 데다 좌석버스와 시내버스 등 배차도 용이하다. 매년 고양에 농구가 있는 날이면 고양종합운동장 사거리는 시작 전후로 농구장 직관을 온 팬들의 발길이 쇄도하는 것도 고양이라는 지역이 서울과 인접한 지역인 데다 대중교통수단 또한 편리하게 갖춰져 있다는 메리트가 한몫을 한다고 해도 과언이 아니다. 이 부분을 놓고 보면 제아무리 프로농구의 인기가 과거에 비해 떨어졌다고 해도 농구장을 꾸준히 방문하는 팬들의 충성도 만큼은 여전히 건재하다는 것을 보여주는 대목이 아닐까 싶다. 연인과 가족은 물론, 친구, 지인 등 다양한 관계 속에서 맺어진 이들이 각기 다른 이동수단을 통해 스포츠 관람의 여가생활을 향유하는 것 자체가 삶의 질을 향상시키는 데 있어 좋은 영향을 주고 있고, 고양 캐롯 점퍼스 홈 개막전 역시 고양체육관으로 향하는 팬들 모습을 볼 때 비로소 농구의 계절이 돌아왔음을 절로 느끼게 했다. 필자도 고양체육관에 가까워질수록 이러한 기분이 확 와 닿았다.

마침내 고양 캐롯 점퍼스 홈 개막전을 관전하기 위해 고양체육관 입구에 딱 발을 내디뎠다. 가는 날이 장날이라고 했다. 이날 고양 캐롯 점퍼스의 홈 개막전은 KBS 2TV 인기 예능프로그램 중 하나인 『사장님 귀는 당나귀 귀』 촬영과 맞물리면서 팬들의 관심은 더욱 폭발했다. 그도 그럴 것이 허재 대표이사가 홈 개막전을 맞아 개막전 손님맞이에 직접 나서면서 카메라 플래시 세례는 자연스럽게 늘어났고, 사인과 사진 촬영 등 공세도 하늘을 찔렀다. 흔히 송충이는 솔잎을 먹어야 된다고 한다. 최근 방송가에 '스포테이너(스포츠+엔터테이너 결합)' 열풍이 끊이지 않지만, '스포테이너'의 진짜 가치는 본업(여기서 말하는 본업은 해당 종목과 관련된 일을 말한다.)에서 일을 할 때 더 예능적 요소와 시너지 효과가 크다. 이번 KBS 2TV 『사장님 귀는 당나귀 귀』 촬영도 별반 다르지 않다. 2020년대 각종 예능 프로그램 출연을 통해 방송국 나들이를 쉴 새 없이 진행하면서 예능계 '대세' 중 한 명으로 손꼽히는 허 대표의 솔선수범함은 팬들과 스킨십을 이는 것은 물론, 장내 외 개막전 분위기를 끌어올리는 데 큰 플러스가 됐고, 체육관 내 MD 샵에도 고양 캐롯 점퍼스 새 유니폼 구매로 팬덤 형성 및 입증 등을 꾀하는 일거양득을 누리게 했다.

또, 오리온 시절 역사가 깃든 챔피언 트로피와 유니폼 등이 나열된 전시관이 철거되고 캐롯 새 마스코트 '대길이', 선수단 포토존이 새롭게 비치됐고, 고양 캐롯 점퍼스 팀 색인 오렌지색으로 체육관 내부가 단장된 것을 보니 창단 첫 시즌 팬들과 새로운 시작을 공유한다는 메시지를 느낄 수 있게 했다. 비시즌 동안 농구 개막을 학수고대하던 농구 팬들, 새롭게 농구장을 찾으면서 여가 수단 장만 등을 노리는 신규 팬 등 모두에게 저마다 각기 다른 이유로 직관을 통한 여가 생활 향유, 새 시즌 좋아하는 팀, 선수를 향한 응원, 소중한 인연들과 추억몰이 장만 등 모두 개막에 맞춰 각자 다른 의미의 새 시작을 알리는 하나의 복선이 되지 않나 싶다. 마치 아이돌 콘서트와 같다. 아이돌 콘서트가 열리는 날은 콘서트장 일대가 인산인해를 이룬다. 안전한 콘서트를 위해 거리 곳곳에 교통경찰, 모범택시단을 파견해 일대 교통정리에 나서고, 경호 인력 배치도 철두철미하게 가져가며 최상의 무대 진행에 안간힘을 쏟는다. 이를 토대로 아이돌 콘서트 개최만을 학수고대하는 팬들이 아이돌 그룹의 가창과 댄스 등에 흠뻑 빠져드는 모습은 무대 분위기를 단번에 열광의 도가니로 만드는 것처럼 캐롯 점퍼스의 첫 경기는 시즌 개막만을 오매불망 바라보는 팬들의 니즈를 충족시켜 준다.

세상만사 모든 일, 수단 등에 100% 만족할 순 없지만, 새로운 시작을 마주할 때 설렘과 기대, 잘해야 된다는 부담감과 압박감 등의 공존은 누구에게나 존재한다. 고양 캐롯 점퍼스와 원주 DB 프로미 모두 나름대로 기대감을 안고 개막전에 나섰다. 우선 고양 캐롯 점퍼스는 팀의 핵심이던 이승현이 자유계약선수(FA)로 전주 KCC, 이대성이 현금 트레이드로 대구 한국가스공사에 각각 둥지를 틀며 막대한 출혈을 입었지만, FA로 정상급 슈터 전성현을 데려오며 누수 최소화에 안간힘을 썼다. 안양 KGC인삼공사 감독 시절 챔피언 2회(2016-17, 2020-21)를 지휘한 김승기 감독을 초대 사령탑으로 앉히면서 신인으로서 나름의 가능성을 보인 이정현을 메인 볼 핸들러로 양성하는 데 집중 투자했고, 외국인 선수로 KBL 경력자인 디드릭 로슨과 데이비드 사이먼을 선발하며 김 감독 특유의 공격적인 농구 구현에 열을 냈다. 이를 기반으로 기존 출전 시간이 적었던 자원들의 성장에도 노력을 아끼지 않는 등 창단 첫 시즌 돌풍에 칼을 갈아왔다. 이에 맞선 원주 DB 프로미는 팀 내 부동의 에이스로 활약하던 허웅이 FA를 통해 전주 KCC로 둥지를 옮겼지만, 올 시즌 처음 도입된 아시아쿼터를 통해 가드 자원인 이선 알바노를 데려오며 허웅 공백 최소화를 모색했다. 이어 허웅의 빈자리를 대신해 2020-21 시즌까지 팀의 에이스로 활약하던 두경민이 대구 한국가스공사에서 다시 합류됐고, 지난 2시즌 6강 플레이오프 탈락의 쓰라림을 털려는 선수단의 욕구 또한 강하게 내포됐다. 외국인 선수로 지난 시즌 팀의 제2 옵션 외국인 선수로 쏠쏠한 활약을 보여준 레너드 프리먼과 유럽 리그를 거치면서 기동력과 득점력 등을 인정받은 드완 에르난데스를 선발했고, 이를 토대로 높이와 속도를 동시에 겸비한 팀 색채 구현을 위한 퍼즐을 맞추는 데 역점을 뒀다.

가입금 납입 문제로 어수선했던 캐롯이나 최근 2시즌 주력 선수들의 줄부상으로 주춤했던 DB나 개막전 필승의 의지를 불태웠지만, 최종 스코어는 87:80 캐롯의 승리로 막을 내렸다. 3쿼터 한때 20여 점이 넘는 점수 차로 리드하던 캐롯의 경우 순간 집중력이 흔들리며 추격의 빌미를 제공했지만, 막판 집중력 싸움의 우위를 점하면서 가까스로 안도의 한숨을 내쉴 수 있게 됐고, 창단 첫 경기 승리로 팬들에 서비스 또한 확실하게 했다. 이날 캐롯에서 가장 관심을 끈 이는 바로 FA 최대어로 보금자리를 튼 에이스 전성현이었다. 2021-22 시즌 종료 직후 4년, 7억 5000만 원이라는 FA 대박을 터뜨리며 캐롯 유니폼을 입은 데다 안양 KGC인삼공사 시절보다 플레이 롤의 증가, 팀 내 에이스라는 책임감 등 어깨에 짊어진 짐도 상당했다. 그러나 진짜 에이스는 상대 집중견제와 압박감 등을 버텨내야 하는 법. 이적 후 첫 경기의 중압감 속에서도 팀의 주 옵션으로서 역할을 다해냈고, 많은 움직임을 통해 상대 수비를 끌어내리는 역할도 충실히 해내며 찬스메이킹도 도맡았다. 이뿐만 아니라 자신이 세운 KBL 3점 숏 2개+이상 경기를 '42'로 늘리는 등 이적 신고식을 성공적으로 치렀다. 전성현을 필두로 한호빈이 전성현에 쏠린 상대 수비 견제를 분산시켰고, KBL 경력자인 데이비드 사이먼과 디드릭 로슨도 공-수에서 각각 가성비를 뽐내며 승리를 책임졌다. 시즌 전 하위권 전력으로 분류됐던 캐롯의 이날 개막전만 놓고 보면 신장의 열세를 많은 활동량과 팀 디펜스로 커버하는 모습을 보여주며 숨은 다크호스로 탄생을 알리기에 충분했고, 적극적인 슈팅 시도를 통해 공격적인 색채를 구현하는 모습도 팬들 뇌리에 강하게 박히기에 부족함이 없었다. 객관적인 전력만 놓고 보면 결코 떨어지지 않는 DB는 1년 만에 친정으로 돌아온 에이스 두경민의 부상 공백 속에 전반 20여 점 차로 끌려가다가 후반 맹렬한 추격전을 펼치며 캐롯의 간담을 제대로 서늘케 했지만, 마지막 집중력이 2% 부족한 모습을 보여주며 아쉬움을 곱씹었다.

개막전 패배의 쓴잔을 들이켰지만, 개막전 소득이 아예 없었던 것은 아니다. 우선 아시아 쿼터로 팀에 합류한 필리핀 출신 이선 알바노가 돌파와 슈팅 등 팀 공격의 첨병으로서 좋은 모습을 보여주며 클래스를 뽐냈고, 팀의 기둥인 김종규도 명성에 걸맞은 보드 장악력을 뽐내며 새 시즌 부활을 알린 점은 소득이다. 제1 옵션 용병으로 선발된 드완 에르난데스가 다소 저조한 모습을 보여줬지만, 기동력과 득점력 등을 두루 겸비한 에르난데스와 알바노, 두경민 등 간의 호흡만 잘 맞아가면 더 좋은 경기력을 뽐낼 수 있으리라는 기대감을 키우게 했다. 그렇게 해서 2022-23 시즌 많은 관심을 끌었던 캐롯의 홈 개막전은 마무리됐고, 개막에 대한 설렘이 종료 이후 진한 여운으로 남게 되면서 추후 어떤 경기력, 스토리 등이 양산될지에 대한 궁금증은 커졌다.

새 시즌 개막에 대한 설렘과 기대 등이 가라앉지 않은 시점에 이튿날이 밝아왔다. 현대인들에게 자신들에 맞는 장소와 지역 등이 있기 마련인데 나 또한 이튿날 고양에서 안양으로 발걸음을 옮겼다. 고양 못지않게 안양도 서울에서 접근성이 굉장히 좋은 지역이다. 지방자치 조례개정에 특례시 지정은 아직 인구 100만 명 이상 기준을 충족하지 못해 이루지 못했지만, 인덕원과 평촌, 범계 등을 중심으로 세대를 막론하고 어울릴 수 있는 플레이스는 제법 잘 마련된 지역이라 유동 또한 좋다. 서울에서 안양을 오갈 수 있는 대중교통 경로는 지하철 하차 후 버스 환승하거나 지하철 4호선을 쭉 타고 오는 방법 등이 있는데, 나는 항상 지하철 하차 후 버스 환승을 통해 방문하는 편이다. 항상 안양실내체육관을 방문할 때 지하철 4호선 인덕원역에서 하차하고 버스로 환승하는데, 안양종합운동장(안양실내체육관이 바로 안양종합운동장 옆에 위치해 있다.) 방면 버스 노선이 여러 개가 있기에 농구 직관 팬들의 이동 선택지도 넓다.

이튿날은 안양 KGC인삼공사 홈 개막전 날이다. 2010년대 중 후반을 기점으로 좋은 성과를 거둬들이며 강팀의 이미지를 확립하고 있는 KGC인삼공사의 홈 개막전을 찾기 위해 인덕원역 하차 후 안양실내체육관으로 발걸음을 옮기는 팬들의 모습을 보면 설렘과 흥분 등을 그대로 짐작할 수 있는 대목이 아닐까 싶다. 그도 그럴 것이 이날 안양 KGC인삼공사의 홈 개막전 맞상대가 바로 고양 캐롯 점퍼스이기 때문. 지난 시즌까지 팀을 지휘하던 김승기 감독과 손규완 코치, 손창환 코치로 짜인 코칭스태프진과 부동의 슈터로 활약하던 전성현의 첫 안양 원정 나들이라는 점에서 세간의 이목을 저절로 집중시켰고, 양 팀 모두 개막전을 기분 좋게 승리로 장식하면서 연승에 대한 동기부여 또한 충만했다. 최근 프로야구에서 FA로 둥지를 옮긴 선수가 전 소속팀 원정 나들이를 처음 할 때 전 소속팀 관중석을 향해 폴더 인사를 나누는 모습이 상당히 인상적이다. 냉혹한 승부의 세계에 '정(情)'이라는 단어가 사실 말의 앞뒤가 안 맞는 상극을 띄고 있어도 이적 전까지 자신을 응원해 준 팬들에게 감사함을 전하기 위한 하나의 방법이며, 이적 후 더 좋은 모습을 보이겠다는 메시지도 인사 속에 숨어있다. 이날 안양 KGC인삼공사의 홈 개막전은 선수단 소개, 개회사 낭독 등의 식전 행사를 마치고 지난 시즌까지 팀에 몸담았던 캐롯 코칭스태프와 전성현에게 기념 꽃다발을 전달하며 안양 방문 환영을 빛냈다. 동업자 신분에서 함께했던 팀 일원의 이직 혹은 이적을 토대로 첫 방문 시 꽃다발, 액자 전달 등을 향후 발전 기원의 보여주는 메시지로 전파하는 것은 곧 스포츠의 품격을 더하는 부분이 아닐까 생각되고, 이를 토대로 리그와 구단 등 품격을 더하는 데 좋은 영향을 주리라 예상된다. 어제의 동지가 오늘의 적이 되는 것이 비일비재한 스포츠의 풍토라고는 하지만, 모든 일에 처음은 생소한 것처럼 원정팀 벤치에 앉아있는 캐롯 코칭스태프와 전성현의 등장은 낯설기 짝이 없는 것이 사실이었다. 그러나 친정에 대한 정은 승부로 들어서면 휴지 조각이 되는 법이다.

개막 2연전 연승이라는 일념 하에 양 팀 모두 백투백 일정의 피로도에 아랑곳하지 않고 가지고 있는 에너지를 쥐어짰으나 승리의 몫은 KGC인삼공사였다. 객관적인 전력이나 신장 등 모든 면에서 캐롯보다 앞서있는 KGC인삼공사는 공-수에서 높은 에너지 레벨을 바탕으로 전성현으로부터 파생되는 캐롯의 공격 옵션을 적절히 틀어막았고, 오마리 스펠맨과 배병준 등의 외곽 공격도 적재적소에 터져 나오며 캐롯 수비 조직력을 허물었다. 이어 오세근과 오마리 스펠맨의 인사이드 장악을 토대로 제공권의 우위를 가져왔고, 모든 선수들이 끊임없이 움직이는 모션 오펜스를 통해 다양한 공격 옵션을 창출해내는 팀플레이 또한 좋은 모습을 보여줬다. 그에 반해 캐롯은 에이스 전성현이 문성곤의 찰거머리 수비에 막혀 평소보다 득점이 저조했고, 전체적인 슈팅 난조로 공격 실타래 마련에 애로점도 상당했다. 상대적으로 얇은 선수층으로 인한 체력적인 부담도 KGC인삼공사에 비해 더한 모습이 엿보였고, KGC인삼공사의 압박에 제공권 열세와 턴오버 등 역시 함께 발목을 붙잡았다.

경기 북부인 고양시 일산서구와 경기 중부인 안양으로 이어지는 개막 첫 주 경기 투어로 나름의 2022-23시즌 개막 2연전 투어에 대한 설렘은 다음의 더 큰 설렘을 안겨다 줄 수 있는 매개체와 같았다. 매번 새 시즌 개막할 때마다 느끼는 감정이지만, 이번 역시도 개막전부터 뜨거운 코트의 열기를 체감하고 호흡하는 자체만으로도 감정이 설레고 흥분됨을 감출 수 없었다. 좁은 코트에서 공-수 전환이 빠르고 격렬한 몸싸움, 시원시원한 득점 시 환호성 등은 농구의 묘미를 확실하게 느끼게 하기에 전혀 부족함이 없고, 20여 점 차가 순식간에 뒤집히거나 접전 상황까지 이어지는 스릴도 상당히 매력적이다. 어쩌면 이러한 부분이 농구장 투어를 고대하고 기다려온 대목이 아닐까 싶다. 새 시즌을 위해 비시즌부터 가쁜 호흡을 몰아쉬면서 땀방울을 쏟아내 선수들과 코칭스태프 못지않게 팬들도 장기간 묵혀놓은 그리움과 공허함을 개막과 함께 눈 녹듯이 사라지는 것이 공통된 감정으로 다가오지 않나 생각되고, 농구장 투어를 통해 내면에 쌓인 스트레스와 공허함 등을 해소하려는 부분도 일상에서 새로운 출발, 그리고 마음의 안정 등을 도모하는 데 좋은 영향을 주리라는 확신도 크다.

나 또한 그렇다. 5개월 동안 농구 시즌의 개막에 대한 기대감을 늘 간직하고 있었고, 각 팀의 전력 보강과 선수 영입 등을 토대로 어떠한 경기력을 보여줄지에 대한 관심 또한 남달랐다. 마치 대한민국 남성들에게 피할 수 없는 군 복무에 있어 제대 일자만을 학수고대하고 바라보는 심정이랄까. 타인이 볼 때 시간이 빠르게 흘러가는 것처럼 보여도 정작 당사자는 너무나 느리게 흘러가는 체감 온도에서 흘러가는 감정이 농구 개막을 바라보고 하루하루를 보내온 팬들에게도 고스란히 적용될 수 있다고 본다. 물론, 경우는 다르지만 말이다. 군 복무를 마친 남성들, 고교 혹은 대학을 졸업하고 취업 전선에 뛰어드는 청춘들, 초 중 고로 이어지는 초 중등 교육과정을 거친 청소년들 등 저마다 다른 계층, 신분에 놓인 이들이 새로운 인생의 출발점에서 각자 가지고 있는 청사진을 실행에 옮기기 위한 출발도 새로운 시작의 설렘을 토대로 이어지리라 확신하며, 휴가 계획을 세우든지 여가 라이프를 설계하던지 등 모든 면에서의 새로운 시작과 출발은 곧 각자 추구하는 버킷리스트의 실현으로도 이어지리라 기대한다.

아이돌과 인기,
그리고 전주의 편리함

-2022년 10월 22~23일

　　　　　　　대중문화에 있어 아이돌 그룹은 이제 빼놓을 수 없는 대표 소비 콘텐츠다. 아이돌 1세대인 SES, 핑클, 신화, god 등이 1990년대 말부터 주요 음반의 대히트와 수려한 외모, 탁월한 끼 등을 토대로 많은 대중의 이목을 집중시키면서 남녀노소 다양한 팬덤이 형성됐고, 대중 매체 발달에 따른 상업화가 IMF 직후 급속도로 전파되면서 아이돌 그룹 소비를 여가 수단으로 형성하는 빈도도 크게 늘었다. 이는 스포츠라고 크게 다르지 않다. 빼어난 외모에 기량까지 겸비한 선수들에게 팬들은 '~아이돌'이라는 수식어를 붙이곤 하는데 자연스럽게 유니폼과 굿즈 소비 등으로 이어지면서 팬덤 형성, 소비 충성도 등도 증가하는 효과를 가져오고 있다.

　그런 측면에서 볼 때 최근 프로농구 팬들 사이에서 '허웅 앓이'는 나름대로 의미가 크다고 본다. 연세대 3학년을 마치고 2014년 신인 드래프트 전체 5순위로 원주 동부(現 원주 DB)에 입단한 허웅은 '농구 대통령' 허재의 장남으로서 수려한 외모와 빼어난 기량으로 프로 무대 연착륙에 성공했고, 2021년 MBC 예능 프로그램인 『놀면 뭐하니』에 출전해 '연대 천정명'이라는 별명이 세간의 관심을 끌면서 인기가 폭발적으로 증가했다. 실제로 당시 『놀면 뭐하니』 허웅이 출연한 이후 허웅을 보기 위해 전국 각지에서 구름같이 팬들이 몰려오며 '티켓 파워'의 위력을 어김없이 뽐냈고, 허웅을 위한 응원 문구 제작, 팬클럽 기부 등 다양하고 기발한 레퍼토리로 팬 소비의 정성스러움도 함께 보여줬다. 그러다 보니 많은 팬이 '허웅 앓이'에 몸살을 앓는 것은 당연지사로 들린다. 그런 허웅이 2022-23 시즌을 앞두고 원주 DB에서 전주 KCC로 보금자리를 옮기면서 이러한 현상은 더욱 심화됐다. 그도 그럴 것이 전주는 농구에 대한 열기와 충성도만큼은 10개 구단 중 최고 수준을 자랑하는 지역이기 때문. 비록 홈구장인 전주실내체육관의 노후화가 옥에 티로 지적되나 전주 도심에 위치하면서 전북대라는 상권 '블루오션'에 있어 팬들 접근성과 활용도 등은 단연 최고 수준에 가깝다.

2022년 10월 22일. 늦가을의 향기가 물씬 풍겨오면서 거리 곳곳에 단풍이 진하게 피어올랐다. 필자는 가을 향기의 진한 여운을 만끽하기 위해 용산역에서 전주로 향하는 기찻길에 몸을 실었다. 전주라는 지역은 옛 전통이 깃든 문화 상품이 여전히 풍부한 곳이자 지역 대표 랜드마크인 '한옥마을'을 찾는 관광객들의 방문이 끊이지 않는다. 필자도 매번 한옥형으로 깃든 전주역부터 전주 여정을 시작할 때 옛 전통의 소중함을 많이 느끼곤 하는데, 때로는 기존의 것을 계승하면서 지역 차원에서 문화 플랫폼 개발 등을 가미하면 어떨까 하는 생각도 많이 가지게 된다. 2시간 20여 분 열차(서대전 경유하면 시간이 약 40여 분 더 소요된다.) 운행 끝에 비로소 전주에 도착했다. 전주뿐만 아니라 전국 어느 역을 가더라도 주말이 되면 열차 통한 방문객들이 쇄도하는데, 늦가을 향기를 느끼기 위한 관광객부터 각양각색의 방문객들이 전주를 찾았다. 전주역에 들어서니 농구장을 향하는 팬들의 모습도 목격할 수 있었다. KCC가 10개 구단 중 단연 최고 수준의 팬덤을 자랑하고 있는 데다 2022-23 시즌을 앞두고 FA 최대어인 허웅과 이승현을 영입하며 대대적인 전력 보강을 이뤘기에 팬들의 기대치 또한 컸다. 마침 KCC의 2022-23 시즌 홈 개막전은 허웅의 '티켓 파워'를 제대로 입증해 줬다. 이미 개막전 이전부터 허웅 관련 굿즈와 유니폼 판매 등이 완판을 이룬 데다 홈 개막전 티켓 예매 또한 티켓팅이 제대로 폭발했을 만큼 '허웅 효과'가 고스란히 드러났다.

KCC 홈 개막전 전주실내체육관은 경기 전부터 관중들로 인산인해를 이뤘다. 허웅이 KCC 유니폼을 입고 첫 홈 개막전을 치르는 상징성은 자연스럽게 팬들의 발걸음을 향하는 촉매제라고 해도 과언이 아니었고, 실제로 허웅 굿즈와 유니폼 등을 일찌감치 구매하면서 개막전에 직접 착용한 팬들도 상당수였다. 그와 더불어 체육관 내 오피셜 샵에는 KCC 2022-23 시즌 유니폼 및 굿즈 구매 등의 소비를 원하는 팬들이 즐비했고, 구매 대기뿐만 아니라 체육관 입장 대기줄 또한 가득했다. 좁디좁은 체육관이 북적북적 대는 것은 당연지사였다. KCC의 홈 개막전 맞상대는 울산 현대모비스였다. KBL 역대 최다 챔피언 팀(7회)이자 전통의 '명가(名家)'인 울산 현대모비스는 견고한 팀워크와 시스템, 조직력 등을 기반으로 매년 꾸준함을 잃지 않았고, 시즌 전 전력상 약체라는 평가에 아랑곳하지 않고 컵대회 준우승을 이뤄내며 심상치 않은 싹을 보여줬다. KCC와 마찬가지로 개막전 승리 이후 패배를 떠안은 터라 분위기 반전 차원에서 절대 양보할 수 없었다. 두 팀은 팬들의 눈을 즐겁게 하는 박진감 넘치는 경기로 마지막까지 쫄깃쫄깃함을 선사했다. 4쿼터까지 현대모비스가 리드하면 KCC가 쫓아가는 양상은 경기의 스릴을 한껏 끌어올렸고, 적재적소에 이뤄지는 벤치 임기응변과 루즈볼 경합을 내주지 않으려는 집념 등까지 곁들여지며 개막전 볼거리도 풍성했다.

손에 땀을 쥐는 명승부를 거듭한 두 팀의 승부는 마지막 53초를 남기고 결정됐다. 아시아 쿼터로 현대모비스의 새 식구가 된 론제이 아바리엔토스가 86:88로 뒤진 상황에서 3점 슛을 성공시키고 상대 송동훈의 반칙을 유도해내며 앤드원을 이끌어낸 것. 경기 내내 뛰어난 개인기와 외곽슛, 패스웍 등을 토대로 KCC 수비의 진땀을 뺐던 아바리엔토스의 클러치 능력은 현대모비스에 단비를 맞게 만들었다. 반칙 이전까지 이근휘와 허웅의 외곽슛이 호조를 보이면서 좋은 리듬을 보여준 KCC 입장에서는 너무나 아쉬운 수비였다. 3점 앤드원

이후 아바리엔토스의 자유투 1개가 실패되면서 안갯속의 향방이 계속됐지만, 승운은 현대모비스를 향했다. 현대모비스는 KCC 막판 반격을 리바운드 싸움의 우위와 적극적인 디펜스로 제어해내며 리드를 지켜냈고, 1점 승부에서 집중력도 잃지 않으며 승리의 미소를 지었다. 홈 개막전 만원 관중 앞에서 승리를 노린 KCC는 라건아와 이승현, 허웅, 이근휘 등의 득점이 호조를 보이면서 10여 점 차 끌려가던 승부의 추를 한때 뒤집는 저력을 보여줬지만, 마지막 수비 에러와 리바운드 헌납 등이 발목을 잡으면서 1점 차 패배의 쓰라림을 안게 됐다. 승자와 패자가 나뉘는 잔혹한 승부의 세계지만, 두 팀 모두 나름대로 의미 있는 수확을 이뤄냈다. 현대모비스는 론제이 아바리엔토스가 뛰어난 개인기와 패스웍 등을 토대로 저스틴 녹스, 게이지 프림 등과 좋은 궁합을 선보이며 공격 옵션 다변화의 가능성을 높였고, KCC는 1점 차 패배에도 기대주 이근휘가 강점인 외곽슛 능력을 토대로 팀 공격에 단비를 내리게 하며 허웅의 체력 세이브를 위한 카드를 장만한 것이 향후 소득을 남기기에 충분했다.

　1점 차 승부의 진한 여운을 뒤로하고 이튿날이 밝아왔다. 쫄깃쫄깃한 명승부가 뇌리에 강하게 박힌 상황에 이튿날 또 다른 일전에 전주를 향하는 발걸음을 절로 움직이게 하였다. 항상 필자는 전주로 오게 되면 전북대 로데오거리를 필수 투어 코스로 삼는다. 전주 시내에서 도심에 있는 좋은 접근성에 상권 형성에 있어 좋은 타깃층인 대학생, 젊은이들이 즐비한 블루칩이라 거리를 걷는 것만으로도 젊음을 느낄 수 있다. 마침 전주실내체육관이 전북대 후문에 있는 만큼 경기 이전 로데오거리를 걷다가 끼니 해결, 먹거리 구매 등까지 동시에 해결할 수 있는 일거양득의 효과도 있다. 그래서 내가 KCC 홈 경기 직관 때마다 로데오거리에서 식사를 해결하고 차 한잔 마시면서 요깃거리 구매 등을 즐겨 하는 이유다. 항상 대학가 주변 상권은 먹거리가 즐비하다. 나도 직관 이전 거리를 활보하며 먹거리를 찾는 데 나름 분주함을 나타냈다. 사실 투어를 진행할 때 무엇을 먹을지 선택하는 것도 일이다. 특히나 먹는 것을 좋아하는 이들에게는 더 그렇다. 사람마다 식습관, 식성 등이 판이할 수밖에 없는데 모든 음식을 가리지 않고 다 잘 먹는 이들에게는 무엇을 먹을지 선택하는 것도 일종의 고문이다. 그러다 보니 고심을 거듭하는 것도 당연하다. 그런 면에서 보면 나도 이와 같은 부류에 해당한다고 볼 수 있다. 거리 활보를 하면서 무엇을 먹을지 다각도로 고심을 거듭한 끝에 나는 육회비빔밥에 숯불고기를 먹기로 결정했다. 필자가 찾은 상호는 로데오거리 뒷골목에 있는 육개장집인데 육회비빔밥뿐만 아니라 각종 메뉴들이 소비자들의 입맛에 맞게 다양하게 마련되어 있어 식사로 구미를 당기기에 충분했다. 그리하여 나는 한번 먹기 위해 찾게 됐다. 요즘 프랜차이즈 음식점 모두 1인 가구 증가의 추세, 서구화된 식습관 등에 맞게 다양한 메뉴 개발과 출시 등으로 입가에 군침을 절로 돋구게 하고 있어 매번 소비자들에 행복한 고민을 하게 만든다. 나도 메뉴 선택을 어떻게 할지 메뉴판을 훑어봤고, 육회비빔밥에 따뜻한 육수 국물과 숯불고기를 곁들이면 끼니는 해결된다고 여겼다. 본래 아무거나 다 잘 먹는 나에게는 너무나 좋은 선택이 됐고, 다음에 여건이 닿으면 한 번 더 방문하고 싶은 욕구가 생성됐다. 끼니 해결 이후 전북대 정문에 있는 이디야 커피숍에서 차 한잔 마시는 코스는 항상 전주 올 때 필자가 꼭 거치는 레퍼토리 중 하나다. 이디야 커피뿐만 아니라 프랜차이즈 커피숍 모두 커피 이외 각종 제과류 판매 등으로 고객 만족 및 니즈 충족 등을 도모하려고 하고 있고, 개인적으로 식사 이후 커피를 즐겨 하는 타입이라 식사 후에는 꼭 커피숍에 들른다. 특히 전북대 정문 앞에 있는 이디야 커피에서는 나름의 캠퍼스 분위기도 느낄 수 있어 좋다.

캠퍼스 주변을 걸으면서 솔솔 불어오는 가을바람까지 맞으니 진짜 가을 기운을 만끽하는 것 같고, 농구장으로 향하는 길에 가족, 연인, 지인, 친구 등 다양한 관계로 맺어진 팬들의 발걸음이 늘어나는 모습도 보니 관람 스포츠의 묘미를 그대로 제시해 줬다. 전날 홈 개막전에서 아쉬운 1점 차 패배를 떠안은 KCC와 팀 창단 이래 개막 최다인 4연승을 구가한 KGC인삼공사의 매치업은 또 하나의 '빅뱅'이라고 불러도 손색없었지만, 사실 페이스만 놓고 보면 상극인 두 팀이다. KCC는 핵심 자원들의 부상과 컨디션 난조 등으로 팀 밸런스가 온전치 못한 모습을 보이면서 2연패의 늪에 빠진 반면, KGC인삼공사는 전날 삼성 원정 1점 차 역전승으로 인한 4연승 질주로 팀 분위기와 리듬 등 모든 면에서 자신감이 충만한 상태로 전주에 입성한 상황이다. KCC는 허웅과 이승현의 가세에도 1번(포인트가드) 포지션에서 열세가 지난 LG, 현대모비스 전 때 고스란히 드러났고, 그에 반해 KGC인삼공사는 전성현의 이적 공백에도 변준형과 오세근, 문성곤 등 핵심 전력들이 팀 코어를 잘 잡아주면서 모션 오펜스의 효력이 배가된 모습을 이전 5경기를 통해 여실히 증명했다. 더군다나 양 팀 모두 백투백 일정을 소화하는 만큼 체력적인 부담과 피로도 등을 무시할 수 없고, 승리라는 일념 하에 연패 탈출과 연승 지속이라는 동상이몽이 두 팀에게 도사리는 터라 상극의 페이스 속에 체육관 안팎의 긴장 기류도 연신 감돌았다.

전날과 마찬가지로 체육관은 관중들로 문전성시를 이룬 가운데 두 팀의 백투백 여정 피날레는 경기 내내 치열하다 못해 폭발적인 스릴을 자아냈다. 엎치락뒤치락하는 경기 양상 속에 두 팀 모두 고유의 공격적인 롤을 극대화하며 화력의 세기를 달궜고, 리바운드와 루즈볼 경합 등에서 한 치의 물러섬을 보이지 않으려는 열정 또한 가히 폭발적이었다. 경기 내내 리드 체인지가 반복되던 와중에 4쿼터 막판 전주실내체육관 데시벨은 더욱 높아졌다. 84:85, 1점 차로 뒤지던 KCC가 경기종료 23초 전 허웅이 3점 슛을 꽂아넣으며 팬들의 뜨거운 환호성을 자아냈지만, KGC인삼공사도 이에 굴하지 않고 경기종료 4초 전 오세근이 앤드원을 이끌어내며 재역전 찬스를 잡은 것. 많은 움직임을 창출해내며 찬스를 엿본 KGC인삼공사 공격 패턴에 오세근의 노련미가 곁들여진 것이 KCC 수비 허를 제대로 찔렀다. 자유투 1개를 넣으면 다시 승부를 KGC인삼공사가 뒤집는 상황이지만, 역시 승부는 의도대로 되는 것이 아니었다. 빅맨으로서 슈팅이 정확한 편에 속하는 오세근이 자유투 1개를 흘리면서 역전 찬스를 놓쳤고, KCC 마지막 공격이 실패하면서 승부의 추는 연장으로 흘러갔다. 두 팀의 연장전은 2022-23 시즌 정규리그 첫 연장 승부다. 그러다 보니 팬들은 한시도 눈을 뗄 수 없었고, 벤치 또한 긴장감이 더욱 고조되기에 이르렀다. 연장까지 가는 대혈전에 장내 몰입도가 MAX에 가까웠고, 턴오버와 루즈볼 경합, 공-수 집중력 등에서 승부가 판가름나는 것은 당연지사였다. 일진일퇴의 공방전 속에 끝내 승리의 미소는 KCC를 향했다. KCC는 적재적소에 백업 슈터 이근휘가 3점 슛을 연거푸 꽂아넣으며 KGC인삼공사 수비 조직력을 무너뜨렸고, 전날 1점 차 패배를 만회하려는 선수단 전체의 욕구가 팀 에너지 레벨 유지에도 좋은 영향을 미치면서 홈팬들에 승리의 선물을 선사했다.

KGC인삼공사는 오마리 스펠맨이 내 외곽을 가리지 않고 폭발적인 득점포를 가동하면서 변준형, 오세근 등의 지원 사격이 더해지며 KCC 수비를 곤혹스럽게 했으나 상대 이근휘 외곽슛 제어에 실패한 것이 못내 아쉬웠다. 연장 패배에 KGC인삼공사는 개막 후 5연승 행진에 제동이 걸렸고, 팀 역대 개막 최다 연승을 세운 것에 위안을 삼아야 했다. 시즌 첫 연장 혈전의 스릴은 경기종료 직후에도 여과 없이 이어졌다. 대개 팬들이 박진감 넘치는 승부를 직관하게 되면 해당 경기 하이라이트 영상을 반복해서 보는 경향이 있는데 이날 KCC와 KGC인삼공사의 일전은 반복 시청하기에 충분했다. 일단 두 팀 모두 외곽숫이 시원시원하게 터지면서 팬들의 니즈를 확실하게 충족시켜 줬고, 쫓고 쫓기는 숨 막히는 레이스에 원투 포지션 유지, 리드 체인지 등도 지속적으로 이뤄지는 등 가성비 또한 만점이었다. KBL 최고 인기스타로 거듭난 허웅과 팀의 에이스로 성장세를 거듭하고 있는 변준형의 플레이, 서로 상극의 스타일을 지닌 라건아와 스펠맨의 자존심 싸움, KBL 대표 빅맨인 이승현과 오세근의 치열한 매치업 등 팬들 뇌리에 박힌 필름도 풍성했다.

전주 핫플레이스 중 하나인 전북대 옆에 있는 전주실내체육관은 경기종료 직후 타 지역에서 오는 팬들의 이동도 제법 편리하다. 전주는 고속버스터미널과 시외버스터미널이 도보 2~3분 거리 내외 옆으로 붙어있고, 팬들 행선지에 따라 버스 선택 폭도 제법 넓다. 호남고속도로 전주IC를 거쳐 향하는 노선이 배차 빈도가 많은 편에 속하고, 시외버스터미널로 이동해도 서울남부터미널, 부산서부시외버스터미널(사상터미널) 등 운행 횟수가 제법 있는 편이다. 농구를 좋아하는 팬들뿐만 아니라 많은 관광객이 관광 이동수단으로 버스를 삼는 것도 버스 노선이 잘 갖춰졌기에 가능하다. 이뿐만 아니라 전북대 로데오거리에서 지하도로 이동해 전주역 향하는 버스도 15분 간격으로 편성되어 있고, 전주종합운동장 혹은 전북대 후문 하차 후 전북대까지 도보 이동도 불과 6분밖에 안 된다. 필자가 동절기 전주 방문을 선호하는 또 다른 이유이자 방문 시 늘 설레고 좋고 편하고 온갖 감정이 교차하는 잣대와 같다. 본래 대학가 주변이 유동이 많은 지역인데 교통편이 편리해야 공 사적으로 생활이 용이하다는 것은 두말하면 잔소리에 가깝다. 또, 대중교통이 주는 편리함 속에서 현대 사회를 살아가는 데 있어 내면의 정리, 심신 회복, 각자 구상 추구 등을 꾀하면서 저마다 라이프스타일을 형성하기도 한다. 비단 농구장 투어뿐만 아니라 많은 현대인이 장거리 운행 혹은 버스 탑승 등을 할 때 심야 도로를 바라보면서 주간 계획, 월간 계획, 분기 계획 등을 수립하는 것이 대중교통 탑승을 선호하는 또 다른 요인이기도 하다. 이를 종합해 볼 때 가을날 전주 1박 2일은 한 해의 종반을 향해가는 시점에 마무리 구상을 도모하는 데 있어 너무나 좋았고, 투어의 설렘을 내면에 잘 간직하면서 다음을 기약하게 되지 않나 볼 수 있다. 어쩌면 이게 투어가 주는 삶의 묘미라고 본다.

모두의 슬픔,
그러나 코트는 뜨거웠다

– 2022년 10월 30일, 11월 4일

거리 곳곳에 단풍이 피어오르면서 가을 향기 또한 더욱 진해지는 10월 말이다. 전 세계를 뒤흔드는 이상 기온에 대낮은 여름을 방불케 하는 나날이 계속됐지만, 밤낮으로 커진 일교차를 체감할 때 '가을날이 맞긴 맞구나.' 하는 감정이 느껴진다. 그런데 2022년 10월 30일, 필자는 아침에 눈 뜨자마자 그야말로 쇼킹한 소식을 접했다. 다름 아닌 전날 이태원 일대에서 핼러윈 파티를 즐기던 많은 이들이 압사되면서 대규모 사상자가 발생했다는 것. 항상 이태원 일대는 자국민뿐만 아니라 외국인들이 많이 운집되는 대표적인 플레이스인데 압사사고가 터진 위치가 좁은 도로에 도심 노후화에 따른 재개발이 더디면서 대규모 방문 시 인명 피해에 대한 우려가 늘 끊이지 않았던 지역이다. 서울시와 용산구청 등 관공서에서 핼러윈 파티 대규모 인파가 몰릴 것을 대비해 시민들의 안전과 교통정리 등에 나름대로 신경을 썼다고는 하지만, 윤석열 정부 취임과 함께 청

와대 관서를 용산으로 옮긴 나머지 주말이 되면 경찰 인력들이 광화문 시위 현장에 투입되는 부작용이 거리 치안 공백으로 이어지는 경우가 적지 않다. 결국, 전날 밤 9시 57분 핼러윈 인파에 사람들이 곳곳에 깔리면서 피해가 눈덩이처럼 불어났고, 시민들의 자발적인 심폐소생술 진행과 119구급대 파견 등이 이뤄졌으나 한곳에 너무 많은 시민이 몰려있다 보니 응급구조 및 처치 등에도 한계가 있을 수밖에 없었다. 결국, 그날 밤을 기점으로 이튿날 저녁까지 KBS, MBC, SBS 지상파와 JTBC, TV조선 등 종편 채널 할 것 없이 뉴스는 온통 이태원 압사에 대한 소식으로 도배됐고, 뉴스 진행 앵커들이 사상자가 불어났다는 소식을 접할 때 내면에서 눈물이 흐르다 못해 말라 넘치는 모습이 시청자들로 하여금 슬픈 감정을 자극했다. 사고 전날 이태원을 찾은 이들이 각자 처한 사정이나 상황 등이 다르고, 방문 목적 또한 제각각이었으나 애꿎은 시민들이 싸늘한 주검이 되는 광경을 지켜보는 시민들이나 사고 희생 유가족, 소방공무원 등 모두가 말 그대로 패닉 상태였다.

필자 또한 그랬다. 오로지 핼러윈 파티를 즐기기 위해 이태원을 찾았다가 한순간에 생을 마감하는 부분이 과연 21세기 대한민국에서 일어날 수 있는 것인가 하는 분노와 허탈감 등도 함께 밀려왔다. 모두가 각자 추구하는 이상이 있었을 것이고, 그에 맞는 열정과 희망 등이 존재했을 것인데 이게 송두리째 날아가면서 영면하는 것을 받아들이기 힘들뿐더러 믿고 싶지 않았다. 필자는 본래 눈물이 많은 편이다. 아니 너무 많다 보니 TV를 보면서 감동적인 장면, 슬픈 장면 등이 나오기만 하면 감정 이입도 자연스럽다. 그래서 이태원 참사 뉴스를 보면서 하염없는 눈물이 흘러나왔다. 사랑하는, 애지중지하는 자녀 혹은 가족 등이 싸늘한 주검이 됐다는 소식에 대성통곡한 유가족들의 마음을 대변할 수는 없겠지만, 한평생 꽃을 피워보지 못하고 하늘나라로 영면하는 믿기 힘든 소식에 패닉 상태로 빠져들었다. 이게 일면식이 없는 관계여도 국가적으로 함께 애도하는 국민성에 동조하는 면이 아닌가 싶다. 국가적인 비상 상태에도 스포츠는 정상적으로 진행됐다. 물론 참사 터진 날과 비교하면 분위기는 180도 달랐다. 프로농구와 프로배구, 프로야구, 축구 FA컵 파이널(전북-서울) 등 모든 프로스포츠가 장내 앰프를 사용하지 않는 것은 물론, 응원단 미운영, 응원 앰프 미사용 등으로 추모 행렬에 동참했고, 선수단은 유니폼 왼편에 추모 리본을 부착하면서 애도의 뜻을 전했다. 이태원 참사 직후 곧바로 한덕수 국무총리 주최 하에 10월 30일부터 1주일간 국가 애도 기간으로 지정한 데 따른 조치라고 볼 수 있다. 국가 애도 기간 지정과 함께 대한민국 자국민은 물론, 전 세계인 모두가 이태원 참사를 주목하면서 슬픔의 물결은 더욱 빠르게 퍼졌다.

때는 바야흐로 11월 첫째 주 4일 금요일이다. 이태원 참사로 참사 발생지인 지하철 6호선 이태원역뿐만 아니라 용산구청이 위치한 녹사평역을 비롯해 전국 각지에 이태원 참사 유족들의 합동 분향소가 설치됐고, 필자 또한 유족 조문을 하고 나오면서 차마 발길이 떨어지지 않았다. 현대 사회를 살아가는 데 있어 쌓인 스트레스를 해소하면서 지인들과 만남, 연인 간 데이트 등을 즐기려고 했던 이들 모두 저마다 추구하는 삶의 지향점과 이상향 등이 있었을 것인데 너무도 믿기 힘들고, 참혹함을 금할 수 없었다. 국화꽃 한 송이 들고 조문하면서 눈물을 펑펑 쏟아내는 등의 온갖 감정이 공존하는 부분이었다. 필자뿐만 아니라 많은 국민이 추모 문구 작성을 비롯해 각양각색의 형태로 추모에 나선 것을 보니 핏줄이 섞이지 않더라도 같은 부모, 또래, 학생 등 각자 위치에서 심정을 공유하면서 슬픔에 잠기는 모습이 국가 애도 기간의 정숙함을 대변해 준다.

그럼에도 스포츠의 시간은 여전히 쉬지 않고 흘러가고 있다. 모든 스포츠계가 이태원 사태에 대한 비통함을 가지고 추모의 메시지 전파 등을 계속하고 있는 상황이지만, 스포츠의 뜨거운 열정만큼은 굳건했다. 그래서 필자가 조문 직후 찾은 행선지는 잠실실내체육관이다. 마침 지하철 2호선 종합운동장역 하차하자마자 피어있는 꽃과 떨어지는 낙엽을 보니 슬픔과 정숙함 속에서도 열정과 스릴을 끌어올리는 매개체가 되는 느낌이다. 비록 일몰 시간 직후일지라도 말이다. 도보로 약 3~4분 걸으면 잠실실내체육관이 보이는데 이곳은 매년 서울 삼성 썬더스의 홈 경기, 연예인 콘서트 등 각종 행사 개최로 붐비는 곳이다. 연말만 되면 가수 콘서트로 인해 서울 삼성 썬더스가 전국 원정 투어를 다녀야 하는 불가피한 상황이 매년 반복되지만, 스포츠와 K-POP 등 문화 산업의 사계절 분주함은 현대인들의 워라밸, 현대 사회의 건강함 등을 추구하는 데 한몫을 한다고 해도 크게 어색하지 않다.

이번 매치업은 서울 삼성 썬더스와 고양 캐롯 점퍼스다. 지난 시즌 창단 최악의 시즌을 뒤로하고 팀 체질개선에 여념이 없는 서울 삼성과 창단 첫 시즌부터 '양궁농구'라는 컬러로 재미를 낳고 있는 고양 캐롯 모두 1라운드 5할 승률 확보에 있어 대단히 중요한 일전이었다. 사실 정규리그 54경기 중 한 개 라운드 5할 승률이 무조건 단일 시즌 좋은 성과를 보장하는 것은 아니다. 한 시즌을 치르다 보면 서로의 성향이나 특색, 패 등을 각 팀이 손바닥 보듯이 꿰고 있는 데다 핵심 선수들의 컨디션 저하, 용병 선수들의 부진, 부상자 발생 등 돌발상황이 언제 어떻게 벌어질지 모르기 때문이다. 더군다나 용병 선수들과 베스트 라인업에 대한 높은 의존도라는 두 가지 요소가 충돌하기에 더 그렇다. 매년 6강 플레이오프에서 탈락하는 팀들을 보면 돌발상황에 대한 대처 미진함이 시즌 막판 승부처 때 좋지 않은 결과가 다반사였다는 것이 이를 뒷받침한다. 여기서 각 팀의 '플랜B' 가동의 유연성, 운영의 묘 등이 중요시되는 만큼 라운드 5할 승률은 장기 레이스 운영에 있어 각 팀 농사를 가늠하는 지표라고 볼 수 있다. 그래서 라운드 5할 승률을 선수단 전체가 중요시하는 이유이기도 하다. 이날 경기 전까지 삼성은 3승 4패로 5할 승률에 약간 못 미치는 성적을 남기고 있고, 캐롯은 4승 2패로 기대 이상의 성과를 거두고 있어 5할 승률 확보와 유지라는 동상이몽이 더 흥미를 끈다.

참 흥미롭다. 하나의 동명이인이 각계분야에서 인지도를 높이는 것 자체가 쉽지도 않을뿐더러 형성되기 극히 드물다. 1990년대 후반 테크노 열풍을 몰고 온 가수 이정현을 기억하는가? 당시 시대로서는 굉장히 획기적인 강렬한 비트라는 곡의 특성, 테크노 열풍이 대중문화를 뒤흔든 시대적인 환경과 맞물려 명성을 더욱 얻게 된 이정현의 가요에 많은 이들이 열광했고, 10대와 20대에서 이정현의 이름을 모르는 이가 없을 정도로 10~20대뿐만 아니라 많은 청년층의 마음을 '심쿵' 하게 만들었다. 그런 가수 이정현과 같은 이름의 인물이 둘이나 농구에 있다는 게 더 흥미롭다. 농구를 좋아하는 마니아나 관련 종사자 등이 이정현을 구분하기 위해 '큰정현', '작정현'이라고 부르는데 이들의 공통분모가 제법 존재해서 주목도가 올라가는 모양새다. 먼저 큰정현과 작정현 모두 토끼띠(1987년생- 큰정현, 1999년생- 작정현)이면서 호남 지역(큰정현- 광주고, 작정현- 군산고)에서 농구의 꿈을 키워왔고, 연세대 체육교육학과 선 후배 관계(큰정현- 06학번, 작정현- 18학번), 승부처에서 남다른 클러치 능력, 식스맨 출발 등 흡사한 면이 많다. 이뿐만 아니라 큰정현은 KGC인삼공사 시절이던 2016-17 시즌 김승기 감독의 품 안에서 개인 두 번째 챔피언 반지를 손에 넣었고, 작정현은 김 감독 부임과 함께 2년 차 초반 한층 발전된 기량을 뽐내며 '에이스 만들기' 프로젝트 수업을 잘 밟고 있다. 서로 플레이 스타일은 확연히 다르지만 말이다. 2021-22 시즌 작정현이 프로 무대에 입성하면서 '큰정현'과 '작정현'의 매치업이 본격적으로 성사됐고, 이번 2022-23 시즌 역시도 삼성과 캐롯의 일전 때 동명이인의 자존심 싸움이 어떻게 흘러갈지 궁금증이 커졌다.

국가 애도 기간의 정숙함 속에 응원 앰프 없이 코트에 뛰는 선수들의 호흡과 벤치 목소리 등밖에 들리지 않았지만, 동명이인의 자존심 싸움은 예상대로 뜨거웠다. 큰정현은 특유의 투맨게임을 통해 김시래, 이원석, 마커스 데릭슨 등 동료 선수들의 찬스메이킹 역할을 수행한 것은 물론, 탄탄한 피지컬을 바탕으로 한 돌파와 자유투 유도, 정확한 외곽슛 등도 선보이며 팀 화력을 책임졌다. 작정현 역시 과감한 돌파와 미드레인지 슈팅 시도, 정확한 외곽슛, 자유투 유도 등을 약속이라도 한 듯 가미하며 자존심 싸움의 방아쇠를 당겼다. 경기 양상은 자연스럽게 4쿼터 막판까지 시소 양상을 띠었고, 쫄깃쫄깃한 레이스에 관중들의 몰입도와 벤치의 긴장감 역시 MAX였다. 실제로 4쿼터 막판 뒷심 부족으로 2번의 역전패를 맛본 삼성과 지난 10월 25일 KCC 원정을 위닝샷 승리로 장식한 캐롯의 다른 막판 흐름을 고려하면 한시도 눈을 떼기 어려웠다. 78:75로 앞선 경기 종료 6초 전 삼성 데릭슨이 공격 리바운드 이후 턴오버를 범하면서 캐롯에 실낱같은 동점 희망이 생겼고, 장내 스릴은 넘치다 못해 폭발했다. 그러나 승리의 미소는 끝내 삼성을 향했다. 삼성은 무려 21개 리바운드를 걷어낸 이원석을 필두로 루즈볼 경합에서 강한 집념과 리바운드의 우위, 불굴의 투지 등을 바탕으로 캐롯의 거센 저항을 잠재우며 시즌 5할 승률을 맞췄고, 캐롯은 작은 신장의 한계에서 나오는 리바운드 열세가 발목을 잡으면서 시즌 3패째를 떠안았다. 승패를 떠나 큰정현과 작정현의 자존심 싸움은 풍족한 볼거리를 제공하면서 많은 영감을 주기에도 충분했다. 먼저 2번째 FA 자격을 얻고 전주 KCC에서 서울 삼성으로 둥지를 옮긴 큰정현은 운동선수로서 환갑이 훌쩍 넘은 36세의 적지 않은 나이에도 여전히 빼어난 기량과 클러치 능력, 리더십 등을 바탕으로 새 둥지에 빠르게 젖어들면서 베테랑의 관록과 건재함을 한껏 과시하고 있고, 프로 2년 차를 맞은 작정현은 김 감독의 혹독한 채찍질 속에 탁월한 득점력과 1대1 능력, 슈팅력 등의 발휘는 물론, 많은 출전시간을 확보하면서 따르는 볼 핸들러로서 가능성 등도 증명하며 팀 에이스로서 남다른 싹을 입증해 보이고 있다.

베테랑 선수의 건재함은 기존 후배 선수들에 큰 귀감이 되는 것과 함께 여전히 후배 선수들에 뒤처지지 않는다는 가치를 증명하면서 팀 분위기 결속과 상호 신뢰 등에 큰 영향을 준다는 것을 몸소 보여준다고 볼 수 있다. 또한 신진 세력의 등장은 기존 팀 전력에 큰 에너지를 주면서 범상치 않은 싹을 가지고 기존 선배들과 융화, 본래 특색 구현 등을 도모한다는 점에서 개인의 가치 증대, 팀 에너지 레벨 상승 등 부수적으로 효과가 짭짤하다. 약육강식의 프로 세계에서 베테랑 선수들 설 자리가 나이와 기량 저하 등을 이유로 줄어드는 현실에 출전시간 25~30분가량을 소화하면서 건재함을 뽐내는 큰정현의 존재는 다른 베테랑 선수들에게도 울림을 주기에 충분하고, 프로 2년 차를 맞아 자신의 성장 환경이 갖춰진 작정현의 싹은 아마추어 시절부터 스포트라이트를 받다가 프로 입단 이후 꽃을 제대로 펴보지 못하거나 주춤거리는 선수들에게 자신에 맞는 성장 환경, 팀과 조화 등이 얼마나 중요한지를 그대로 보여주고 있다.

이는 사회 전반적으로 마찬가지다. 386세대(1960년대 태어나 1980년대 대학을 다니고, 1990년대 30대인 세대, 대학 시절 민주화 투쟁에 앞장선 세대), 베이비붐 1세대(전쟁 직후 1955~1963년 출생자)의 관록과 경험은 돈 주고도 못 살 소중한 자산이며, 이들의 유산은 곧 밑 세대들에게도 삶의 깊이를 제공하는 데 영감을 준다는 것을 부정할 수 없다. 사회가 젊게 변한다고 해서 이들의 관록과 경험 등을 무시하고 무조건 젊다는 이유로 내팽개쳐지는 것은 결코 옳은 것이 아니며, 베테랑의 관록과 경험이 모든 면에서 어우러져야 할 필요성이 크다. 사회적으로 많이 거론되는 MZ세대들(1981년부터 2000년대 출생자)도 예외가 아니다. 선배 세대들과 달리 우리보다 개인을 우선시하는 성향을 지니면서 발전적인 방향을 도모하고 있고, 젊고 참신함을 가지고 기존 선배 세력들을 위협하는 속도도 빠르다. 소위 기성 세대들보다 물질적 여건과 환경 등이 몰라보게 좋아진 시점에 태어나 성장 과정을 거듭해 온 세대들이기에 변화와 유행 등에 민감한 것도 사실이다. 단, 개인주의 성향이 뚜렷하게 자리잡힌

만큼 자신의 특색을 유지하면서 기존 선배 세대들과 융화되는 것이 중요하다. 그렇기에 무조건 젊다고 우선시되는 것은 바람직하지 않다. 약육강식의 세계에서 경험과 관록, 연륜 등은 결코 무시할 순 없고, 기능적으로나 스타일적으로나 선배 세대들에 미치지 못하면 본 역량을 펼쳐보기 어렵다는 얘기도 자명하다. 베테랑의 관록과 젊음의 패기의 만남 혹은 조화가 그래서 더 재밌다.

100% 완벽은
누구에게도 없다

– 2022년 11월 18일

       이 땅에 태어난 모든 이들은 결코 완벽할 수 없다. 흔히 사람을 환경의 동물이라고 얘기하는데 세상만사 의도한 대로, 기대한 대로 흘러가는 경우가 극히 드물다. 여기에 기능적으로나 신체적으로나 완벽한 능력을 갖추기도 힘들고, 이를 토대로 본연의 역량 표출을 도모하는데, 핸디캡이 뒤따르는 사례도 존재한다. 제아무리 계획적인 삶을 살아가면서 저마다 구상책을 내놓아도 말이다. 온갖 돌발상황은 언제 어디서 어떻게 도사릴지 모르고, 어떤 상황에서든지, 일에서든지 에러 또한 빚어질 수 있다. 이는 스포츠라고 크게 다르지 않다. 예를 하나 들어보자. 경기 흐름과 분위기 전환 속도가 매우 빠른 농구는 4쿼터 막판 10점 이내 승부면 접전으로 칭한다. 쿼터별 10분이라는 시간 동안 10점 이내 승부가 1~2분 내 뒤집히는 것은 예삿일이 아니며, 이를 바탕으로 경기 흐름과 분위기 전환 등의 효과도 가져온다. 특히 4쿼터 막판 자유투 1~2개로 승패가 판가름나는 일은 농구에서 비일비재하다. 자유투 실패는 앞서는 팀에게는 상대에 역습을 내주는 빌미가 되며, 뒤지는 팀은 리드를 가져올 수 있는 하나의 동력으로 삼는다. 여기서 4쿼터 막판 스코어가 뒤지고 있는 팀들이 상대적으로 자유투가 떨어지는 선수에게 파울을 얻으면서 반격 찬스를 모색하는 데 반해 앞서는 팀은 아웃 오브 바운드 상황 때 자유투 좋은 선수에게 볼을 잡도록 하는 방향으로 공격 시도에 나선다. 이게 막판 벤치의 기 싸움이다.

대한민국 모든 수험생이 그동안 흘린 땀과 노력을 보상받는 2023학년도 대학수학능력시험이 끝난 이튿날인 18일이다. 거리 곳곳에는 그간 학업 스트레스를 마음껏 해소하기 위해 모여든 수험생들로 즐비했고, 매년 스포츠 경기장과 영화관 등에서 수험생 할인 혜택의 이벤트 효력이 본격적으로 발휘되는 날이기도 하다. 필자는 이날 전주로 발걸음을 향했다. 전주발 KTX 열차에 몸을 실으면서 철로 절경을 바라보니 어느덧 한 해도 종착역을 향해 달려가고 있구나 하는 것이 실감이 나고, 그러면서 한 해 마무리를 잘 이끌어야겠다는 생각을 하게 만든다. 이게 열차 안에서 절경 감상을 필자가 많이 하게 되는 한 점이지 않을까 생각된다. 1시간 40여 분간 열차를 타고 전주에 입성한 이후 곧바로 전주역에서 전북대 부근으로 향하는 시내버스에 탑승하는 코스를 탄 필자는 전북대 사거리 하차 직후 주변에서 끼니를 해결하고 체육관에 도착했다.

이번 매치업은 KCC와 LG의 일전이다. 1라운드 매치업은 LG의 일

방적인 승리로 마무리됐지만, 두 팀 모두 연패 기로에 서있는 상황이라 1라운드와 같은 양상이 재현될 확률은 낮으리라 예상됐다. 두 팀 모두 슈팅 난조와 턴오버 등이 속출되면서 저득점을 낳았고, 막판 쫓고 쫓기는 1점 차 승부가 4쿼터 막판까지 쭉 이어졌다. 62:61로 KCC가 1점 앞선 경기종료 35초 전, LG 윤원상이 허웅에 자유투 파울을 범하면서 승부의 추가 KCC를 향하는 듯했다. 그렇게 느낄만한 이유는 분명했다. 허웅의 자유투 성공률이 8~90%대를 자랑하고 있고, KCC에서 믿을 수 있는 스코어러 중 하나이기에 KCC 벤치와 팬들 모두 자유투 2개 성공에 대한 확신이 컸다. 팀 에이스의 높은 자유투 성공률은 모든 팀이 승부처에서 상대 반칙 작전 때 확실한 옵션 중 하나이기에 더 그렇다. 그런데 이게 웬 말인가. 승부처에서 좀처럼 자유투를 놓치는 법이 없었던 허웅이 자유투 2개를 모두 흘려보낸 것. 경기 내내 윤원상의 집중견제에 아랑곳하지 않고 팀 공격 지휘에 모든 에너지를 쏟았고, 승부처 확실한 카드였던 터라 장내 분위기는 순식간에 침묵으로 뒤바뀌었다. 허웅의 자유투 2개 실패는 곧바로 LG의 역습으로 이어졌다. LG는 경기종료 15초 전 이재도가 라건아의 파울로 얻은 자유투 2개를 모두 성공시키며 리드를 되찾았고, 끈질긴 수비와 육탄전으로 KCC 공격을 잠재우며 적지에서 1점 차 승리의 미소를 지었다. 자유투 성공 유무에 승부의 희비가 극명하게 갈린 이날 매치업은 100% 완벽은 없다는 메시지가 가득했다. 승부처에서 자유투 성공률이 높은 에이스라도 얼마든지 실패를 범하면서 상대 역습을 내줄 수 있고, 실수를 안 하고 살 수 없다는 인생의 인지상정이 그대로 드러났다. 그래서 인간이 늘 완벽할 수는 없으며, 제아무리 한쪽 기능이 특화되더라도 그것이 모든 기능의 특화로 이어지지 않는다는 것이다. 이게 원숭이도 나무에서 떨어질 때가 있다는 것과 같지 않나 생각된다.

지하철 파업에 으르렁 으르렁, 그리고 농구 코트- 이정현 VS 이관희

– 2022년 11월 30일

인기 아이돌그룹 'EXO'의 대표 히트곡 중 하나가 「으르렁」이다. 가사 후렴구가 "나 으르렁 으르렁 으르렁대". 참 강렬하면서도 그 안에 내포된 의미 또한 분명하다. 2013년 발매된 이 곡은 당시 최고의 히트를 끌었으며, 이후에도 많은 대중의 '플레이 리스트'에 담겨있을 정도로 파급력 또한 상당했다. 강한 중독성과 강렬한 비트, 그리고 칼군무까지. 이게 대중들이 열광하는 하나의 백미라고 볼 수 있다. 엑소의 히트곡 제목과 함께 한국 사회는 각계각층에서 단체와 단체, 단체와 개인, 개인과 개인 등 간의 다양한 관계 속에서 서로 소통 불통, 감정 대립, 이해관계 불일치 등 각기 다른 이유로 으르렁대는 관계가 형성된다. 필자뿐만 아니라 대중교통을 이용하는 많은 현대인에게 전장연(전국장애인차별철폐연대의 줄임말) 시위는 지하철 역사 안에서 한 번쯤 접해봤을 광경이다. 이들이 지하철 시위를 감행하는 이유는 분명하다. 바로 장애인 이동권에 관한 보장이 핵심이다. 장애인 이동 권리 보장을 외치는 전장연의 외침은 충분히 이해하고도 남지만, 정부에서 사회적 약자인 장애인 시민권 보장을 외면한다는 이유로 지하철 시위를 감행하는 것은 결코 바람직하지 않다. 그도 그럴 것이 상당수 시민이 대중교통을 이동수단으로 삼고 있기 때문이다. 전장연의 지하철 점령으로 인해 일부 노선 무정차 통과와 배차 횟수 감축, 대기 시간 증가 등 불편함이 이만저만 아니고, 일부 시민들은 일터 지각, 용무 시간 지연 등에 전전긍긍할 수밖에 없다. 이뿐만 아니라 지하철 노조 파업까지 엎친 데 덮친 격으로 더해졌다. 이런 부분을 보면 참 시민들의 편의는 안중에도 없는 게 아닌지 하는 생각이 자연스럽게 정도다. 서울교통공사 재정 적자로 인한 인력 감축이 지하철 노조가 파업을 강행한 주 이유인데, 수도권 노선을 아우르는 1, 3, 4호선, 서울 시내 핵심 노선인 2호선에 탑승한 승객 모두 출근길 혹은 이동길 파업 소식에 걱정도 커졌다.

이러한 시민들의 불편함은 11월 30일 수요일 극에 달했다. 영하 7~8도를 넘나드는 강추위에 전장연 시위와 지하철 노조 파업 등으로 인한 이동 불편 등 고충이 이만저만 아니었다. 가뜩이나 러시아워(출·퇴근) 시간대가 지하철 탑승이 가장 붐빌 시각인데 평소 인파보다 2배 넘게 밀려들며 아수라장이 연출됐고, 한시라도 빨리 역사에 탑승하려는 움직임 또한 아수라장 속에 더 분주했다. 전장연의 무법 역사 점령에 시민들의 짜증 지수는 강추위에 폭발하기에 이르렀고, 서울교통공사 직원들과 경찰 인력 등이 동원돼 시위 진압에 총력을 기울였다. 이뿐만 아니라 지하철 운행 감소로 인해 지하철 역사 안팎으로 발 디딜 틈조차 보이지 않았고, 승객 탑승 시간대가 아닌 시간대임에도 길어진 배차 간격으로 인해 대기줄 또한 상당했다. 필자 또한 이러한 지하철 파업, 전장연 시위 등으로 인한 지하철 운행 횟수 감소, 배차 시간 증가 등이 결코 반갑지 않았다. 특히나 2호선은 내외선 할 것 없이 서울 지하철의 꽃이라고 불려도 손색없는 노선이다. 서울 중심지에서 강남을 아우르는 노선이 잘 갖춰진 데다 유동 인구가 밀집된 지역이 2호선 노선을 가로지른다. 필자는 매번 잠실종합운동장을 찾을 때 무조건 지하철을 주 이동수단으로 삼는다. 지하철 하차 후 5~6번 출구로 나오면 바로 잠실야구장, 7번 출구로 나오면 도보 5분에 잠실실내체육관, 8번 출구로 나오자마자 잠실학생체육관이 각각 위치해 있어 스포츠 뿐만 아니라 각종 문화 행사를 즐기기 위해 찾는 이들로 가득하고, 주변 아시아공원과 잠실한강공원 등 데이트 및 산책 코스로도 시민들의 발길이 끊이지 않는다. 사계절 내내 이 일대를 찾지만, 유독 이번만큼은 방문길이 녹록지 않았다는 느낌이 짙다. 아무래도 지하철 파업과 전장연 시위 등의 영향이 절대적이지 않았나 싶다. 평소보다 지하철 승차 과정에서 배차 간격이 길었던 데다 승차 대기하는 승객들이 더욱 북적댔던 탓에 진이 빠진 승객들도 적지 않았다. 한시라도 빨리 움직이려는 시민들의 움직임과 정해진 대로 운행을 해야 하는 지하철의 운행 준칙이 맞물려 열차 객실 안 밀집도를 더 높이게 된 것이다.

우여곡절 끝에 잠실실내체육관에 입성했다. 전자업계 라이벌인 삼성과 LG가 시즌 2번째 매치업을 가진 날이다. 그런데 이 두 팀의 매치업에는 상당히 흥미로운 요소가 있다. 다름 아닌 매치업만 되면 으르렁 으르렁대는 이정현(삼성)과 이관희(LG)의 앙숙 대결이다. 연세대 1년 선 후배 관계(이정현- 06학번, 이관희- 07학번)이자 국군체육부대(상무) 시절 선 후임 관계이기도 한 이들의 앙숙 관계는 매 시즌 많은 팬의 관심이 늘 집중되는 카드다. 도대체 왜 앙숙이라고 하는가? 그것도 유교 문화가 강하게 자리 잡은 한국 사회에서 말이다. 어린 시절부터 상하 관계의 엄격함을 직접 몸으로 느끼면서 배운 자란 데다 나이에 따라 선 후배라는 서열 또한 확실한 문화적 특성을 감안하면 대단히 이례적이면서 다른 면으로는 신선한 자극을 불러일으키는 잣대로도 손색없다. 사실 이들의 앙숙 관계는 그동안 큰 경기에서 심심찮게 제대로 폭발했다. 2015-16 시즌 6강 플레이오프와 2016-17 시즌 챔프전이 바로 절정을 이뤘는데 후배인 이관희가 이정현에 거친 파울을 불사하며 시리즈 분위기를 돋웠고, 2016-17 시즌 챔프전 2차전 때는 KGC인삼공사 공격 때 이정현이 팔로 이관희를 넘어뜨리며 곧바로 이관희가 팔꿈치로 가슴을 내려치면서 이관희는 1경기 출장정지와 제재금 200만 원, 이정현은 제재금 150만 원의 징계를 받는 결과로 이어졌다. 챔프전 충돌 이후 이들의 으르렁 으르렁은 매치업 때 계속됐고, 도발적인 언행과 신경전 등을 기반으로 한 냉랭 기류는 여전히 현재 진행형에 가깝다.

2022-23 시즌은 이들의 으르렁 으르렁이 더 흥미를 끄는 이유가 분명하다. 이정현의 현 소속팀인 삼성이 이관희의 친정팀이라는 점이다. 2021년 2월 김시래와 1-1 맞트레이드로 10년간 정들었던 삼성을 떠나 LG 유니폼을 입게 된 이적 직후 친정팀 삼성을 향해 전투력을 강하게 연마하고 있고, 유독 이정현과 매치업을 앞두게 되면 공식 석상에서 자극적인 멘트를 서슴지 않았던 터라 친정을 향한 비수를 더 날카롭게 다듬는 동기부여도 뚜렷하다. 프랜차이즈라는 낭만이 실종되어 가고 있는 프로스포츠의 냉혹함 앞에 '정(情)'이라는 단어가 공염불이라는 것을 엿볼 수 있다. 2022-23 시즌을 앞두고 2번째 FA로 삼성에 보금자리를 튼 이정현 역시 이적하자마자 팀의 '캡틴' 자리를 맡을 정도로 리더십과 경험, 기량 등 모든 면에서 팀 동료들에 큰 신뢰를 얻고 있고, 경기력으로도 여전히 녹슬지 않은 활약상을 뽐내며 노익장을 한껏 과시하는 중이다. 또, 그간 이관희와 매치업 때 야금야금 신경전을 펼쳐오며 자신의 스탯과 경기력 유지 등을 잘 챙겨왔기에 이번에도 역시 이들의 신경전을 흥미롭게 지켜볼 필요충분조건은 마련됐다.

기대가 너무 컸던 탓일까. 이들의 으르렁 으르렁은 이번에는 예상외로 싱거웠다. 이동엽, 이호현 등 가드 자원들의 줄부상으로 출전시간이 부쩍 늘어난 이정현은 체력적인 부담과 상대 집중견제 등에 아랑곳하지 않고 내·외곽을 자유롭게 넘나들며 팀 공격을 책임졌고, 노련한 경기운영을 토대로 특유의 자유투 유도를 적절히 가미했다.

김시래의 경기운영 부담을 줄여주면서 상대 수비 부담을 가중시켰고, 놀라운 야투 정확도를 뽐내며 팀 공격의 선봉으로 나섰다. 이날 이정현의 활약상은 득점뿐만 아니라 경기운영, 패스, 팀 조율 등에서 어느 하나 나무랄 데 없었고, 클러치 효율 또한 으뜸이었다. 그에 반해 이관희의 활약은 기대에 못 미쳤다. 전략상 출전시간이 줄어든 영향도 있지만, 상대 수비에 막혀 특유의 리드미컬한 돌파력과 운동능력 등을 전혀 발휘하지 못했다. 이뿐만 아니라 공격 시도가 번번이 메이드되지 않았고, 숏 찬스 또한 원활하게 잡지 못하는 등 부진한 활약상을 나타냈다. 이날 이관희의 활약상은 자유투 득점 이외 미미함 그 자체였고, LG가 4쿼터 막판 타이트한 양상 속에서도 이재도와 아셈 마레이에 공격이 집중되는 결과를 초래하는데 한 요인이 됐다. 두 팀의 이날 매치업은 마지막까지 10점 이내 타이트한 승부가 줄곧 이어진 끝에 삼성이 75:70, 5점 차 승리로 1라운드 창원 개막전에 이어 또 한 번 LG전 승리를 낚아챘고, LG는 3연승 행진에 제동이 걸리면서 패배의 쓴잔을 들이켰다.

이정현과 이관희의 으르렁 으르렁은 유교 사회인 한국 사회에도 분명 시사점이 있다고 본다. 현대인들이 다양한 이유를 가지고 개인 혹은 단체와 관계를 맺게 되는데 저마다 각기 다른 이해관계의 충돌, 개인과 개인, 개인과 단체, 단체와 단체 간의 내 외적 갈등 등으로 인해 으르렁 으르렁대는 관계가 형성된다. 물론, 이러한 으르렁 으르렁이 표면적으로 드러나는 경우가 많지만, 그렇지 않고 당사자들만 아는 경우 또한 심심찮게 나타나지만 말이다. 그러다 보니 갈등의 골은 더욱 깊어지기에 이른다. 그런데 으르렁 으르렁은 서로 쳐다보기도 싫을 때 더 끓어오른다. 흔히 이렇다. 평소 부드럽고 인자한 사람이라도 자신과 감정, 관계가 좋지 않은 사람의 얘기가 나올 때 표정과 어조 등이 180도 돌변하듯이 이미 개인과 개인, 개인과 단체, 단체와 단체 등 간의 감정이 상할 대로 상한 상황에서 으르렁 으르렁은 주변 분위기마저 폭풍전야로 만든다. 그러나 스포츠에서 으르렁 으르렁은 이러한 특성이 유지되되 약간 차이는 있다. 모든 종목을 막론하고 스포츠 판이 워낙 좁다. 대부분 선수들이 학창 시절부터 줄곧 안면이 쌓인 데다 선 후배 관계 속에서 학연, 지연, 친분 등 연결고리가 가득한 정서적인 특성도 모든 언행이 눈과 귀로 들어가게 한다. 돌고 도는 인생처럼 앞날이 어떻게 흘러갈지 모른다. 제아무리 좋지 않은 감정이 형성된다고 할지라도 개인과 개인, 단체와 단체 간의 매치업에서 만남이 필연적인 이유다. 으르렁 으르렁대는 감정이 앞서게 되면 주변 미간을 찌푸리게 만들지만, 감정을 억누르고 본연의 플레이를 펼치면서 팀에 기여하면 분명 경기 재미 연출과 박수갈채 등을 모두 잡을 수 있다. 그런 면에서 이정현과 이관희의 으르렁 으르렁은 감정보다 경기에 집중해야 하는 이유가 분명해진다. 이들 모두 팀의 '캡틴'이자 리더다. 어느 팀이든 조직이든 고참이 흔들리면 전체가 동요된다. 특히 스포츠팀은 어느 하나가 흔들리면 나머지가 도미노처럼 흔들리기에 더 그렇다. 해당 경기 승패는 나중 문제다. 팀의 리더가 중심축을 잘 이뤄줄 때 나머지 선수들의 에너지 레벨이 덩달아 올라가는 것은 너무나 자명한 얘기며, 전체적인 시너지 효과 창출, 분위기 유지 등에 있어서도 리더의 책임과 책무 또한 막중하다. 그렇기에 이정현과 이관희 두 앙숙이 만날 때 중요한 것이 감정이 아닌 경기라는 것을 일깨워주는 바이다.

2.

역대급 폭설과 한파

온갖 불편함과 실패도
삶의 한 페이지

한 해의
마지막 응원의 소중함

– 2022년 12월 2일

마치 여름과 초가을을 연상케 하는, 이상 기류가 언제 나타났는지 모를 정도로 날이 갑작스레 추워졌다. 거리에 나서는 시민들의 두꺼워진 옷차림만큼이나 기온이 급락하면서 바람의 강도 또한 거세졌다. 그렇게 해서 한 해의 끝자락인 12월이 찾아왔다. 현대인들이 매년 한 해를 시작할 때 소망하던 것을 성취했는지, 일상생활에서 무탈했는지 등을 돌아보는 절기이기도 한 달이 마지막 달인 12월이다. 한 해가 시작된 지 엊그제 같은데 벌써 12월이라니. 매년 현대인들이 12월을 마주할 때 느껴지는 주요 감정이다. 특히 국군 장병들에게는 12월을 학수고대한다. 입영 일자, 복무 기간 등이 저마다 판이하지만(육군, 해군, 공군의 복무 기간이 다르다), 12월이 지나 새로운 해가 되면 제대를 오매불망 바라보는 장병들이 무수히 많다. 이것은 국방의 의무를 다한 대한민국 남성이라면 너 나 할 것 없이 느끼는 감정 중 하나다. 폐쇄적이고 통제적인 삶이 뒤따르는 군대의 특성이 20대 파릇파릇한 청춘들에게 너무나 갑갑하고 답답하기 짝이 없지만, 국방부의 시계는 거꾸로 매달아도 간다는 말처럼 12월을 군 복무 유종의 미 과정으로 삼고 제대와 함께 당당한 민간인의 신분으로 출발하려는 공통분모는 대부분 확실하다.

지하철 2호선 강변역은 동서울종합터미널이 바로 마주해있다. 이곳은 매년 사시사철 국군 장병들의 발길이 끊이지 않는 주요 플레이스 중 하나다. 대부분 군 부대가 강원도에 밀집해있는데, 주로 중부와 영동권을 넘나드는 노선이 즐비한 동서울종합터미널을 통해 휴가 종료 후 귀대, 휴가 시작 등을 각각 진행한다. 각기 다른 발걸음을 향하는 국군 장병들의 분주함은 휴가 종료의 아쉬움, 휴가 시작의 설렘 등 다른 감정을 절로 야기한다. 국군 장병들의 발걸음과 함께 주말 연휴를 맞아 중부 영동권으로 투어, 서울 나들이에 각각 나선 여행객, 업무를 보고 귀향길에 나선 시민 등으로 터미널이 인산인해를 이뤘고, 터미널 안 상가 안에 있는 식당은 물론, 터미널 주변 식당가도 버스 탑승객들이 주 고객이라는 타깃층에 맞게 북적였다.

필자도 12월 첫째 주 금요일인 2일, 강원도발 버스에 몸을 실었다. 행선지는 강원도 원주다. 강원도 중부권에 있는 원주는 교통편이 너무 잘 갖춰진 데다 중부내륙 거점도시여서 경기도 이천, 여주 등지에서 이동도 용이하다. 이뿐만 아니라 동서울터미널에서 시외버스로 1시간 30분밖에 소요되지 않는 데다 중부고속도로를 거치는 노선 역시 이동의 편리함을 가져다주기에 충분하다. 춘천, 강릉과 함께 강원도 대표 3대 도시인 원주는 프로농구 DB 프로미가 1997년 프로농구 출범 이후 줄곧 연고지로 삼는 지역이다. 20년이 훌쩍 넘은 세월 동안 팬들의 충성도가 대단히 높은 데다 열성적인 응원과 애정 등까지 곁들여지며 농구 도시의 맥을 지탱하고 있다. 아무래도 대도시에 비해 시민들이 문화생활을 향유할 수 있는 여건이나 환경 등이 부족한 중 소도시의 실정을 감안하면 동절기 프로농구 관람이 원주시민들의 여가 활동 수단 중 하나인 것은 물론, 지역 연고에 대한 인식 확립, 이미지 제고 등에 있어서도 대단히 중요하다고 해도 과언이 아니다. 1시간 30분여 버스 이동을 거쳐 원주에 입성했다. 원주시외버스터미널이 위치한 원주 단계동이 주요 상권들이 많이 운집된 곳인데, 매번 터미널 입성 이후 주변에서 식사와 차 한잔을 해결하고 원주종합체육관까지 도보로 이동하는 코스를 즐겨 한다. 수도권과 달리 지방 중 소도시는 아무래도 시설 접근성이 취약할 수밖에 없지만, 원주는 그런 면에서 원정 팬들과 타 지역 팬들이 버스 이용 이후 접근성만큼은 제법 괜찮다고 볼 수 있다. 15분가량 도보로 이동하다 보면 DB의 이전 홈구장인 원주치악체육관이 보이고, 그 옆에 지금 홈구장인 원주종합체육관이 보인다. 노후된 시설과 작은 규모 등이 발목을 잡았던 치악체육관 시절의 아쉬움을 뒤로하고 신 구장 신축을 원주시에서 적극적으로 이끌어낸 끝에 2013년 완공된 원주종합체육관은 DB 선수단 숙소와 홈 코트가 바로 붙어있어 경기종료 직후 팬들과 스킨십이 용이하고, 좌석 규모도 치악체육관 시절보다 확장되면서 팬들의 만족도 또한 높다고 볼 수 있다.

항상 원주종합체육관에 들어설 때 치악산 절경이 바로 보인다. 비록 도착 시간이 일몰 시간 직후였던 탓에 절경을 제대로 감상하지 못한 것이 아쉽지만, 주간 타임에 날씨가 화창한 날 바라보면 진짜 예술이다. 바로 옆 원주종합운동장 전광판 높이로 인해 100% 감상이 이뤄지지 못해도 말이다. 스포츠에서 연패는 상당히 괴롭다. 선수단 전체의 스트레스가 심화되는 것은 물론, 팀 분위기 저하, 자신감 결여, 의욕 감퇴 등의 악순환으로도 직결된다. 실제로 장기 레이스에서 연패는 순위 싸움에 있어 큰 치명타나 다름없고, 극심한 스트레스에 의해 선수단 전체 안색이 반쪽이 되는 경우도 예삿일이 아니다. 그러다 보니 리드를 안고 있어도 오히려 불안한 심리 상태로 경기 흐름을 내주면서 역전패하는 악순환이 이어지게 된다. 이날 원주 DB가 그렇다. 지난 시즌과 마찬가지로 초반 좋은 리듬을 유지하다가 주력 선수들의 부상 도미노 등으로 인해 분위기가 꺾인 상황에서 6연패의 늪에 빠지게 된 터라 분위기 쇄신이 시급했다. 6연패를 하는 과정에서 4쿼터 막판 뒷심 부족으로 역전패한 경기가 절반에 이르렀고, 핵심 선수들의 부상이 계속되면서 정상 라인업 가동에 어려움까지 뒤따르는 등 고충이 이만저만 아니었다. 그에 반해 DB와 마주하는 삼성은 부상 선수들이 즐비한 와중에도 앞서 LG전을 승리로 장식하면서 3연패의 질긴 고리를 끊어냈고, 이전과 달리 선수들의 응집력과 팀 분위기 등이 좋아진 모습을 보여주며 1라운드 패배 설욕에 올인했다. 분위기만 놓고 보면 삼성이 다소 앞선다는 것을 부정하기 어려운 대목이었다. 경기에 들어서자 전반 분위기는 삼성이 쥐었다. 상대 이선 알바노로부터 파생되는 DB 공격 패턴을 적극적으로 틀어막으면서 에너지 레벨을 끌어올렸고, 이원석과 이매뉴얼 테리의 보드 장악력이 빛을 내며 37:23, 14점 차 리드로 전반을 마무리했다. 1라운드 당시 상대 레너드 프리먼이 부상으로 빠진 와중에 DB에 완패를 당했던 쓰라림을 설욕하려는 일념이 코트 안에 고스란히 드러났다고 볼 수 있다. 그러나 농구에서 10~20점 차 리드는 언제 뒤바뀔지 모른다. 워낙 트랜지션(공-수 전환)이 빠른 데다 상대 턴오버를 득점으로 연결시키면 점수 차가 줄어드는 것은 순간이다.

6연패의 수렁에도 DB에는 믿을 구석이 있었다. 바로 팬들의 열혈한 성원이다. 팬들의 열정과 정성 등은 10개 구단 중 둘째가라면 서러울 DB 팬들의 성원은 역전을 위한 하나의 동아줄이 되기에 충분하다. 저득점 경기 양상 속에 이선 알바노와 드완 에르난데스를 축으로 공격의 실타래를 조금씩 풀어가면서 추격의 방아쇠를 당겼고, 수비에서도 상대 이정현, 김시래로부터 파생되는 공격 옵션을 제어하며 4쿼터 막판 턱밑까지 쫓아왔다. DB의 이러한 추격전은 기어코 연패 탈출의 열매를 맺는 결과를 낳았다. 62:62로 팽팽히 맞선 경기 종료 49초 전 이선 알바노가 뛰어난 개인 테크닉으로 점프슛을 성공시키며 승부를 뒤집었고, 수비에서 적극성을 잘 가져가며 승리에 유리한 고지를 점령했다. 결국, DB는 레너드 프리먼이 상대 반칙으로 얻은 자유투 1개를 성공시키며 3점 차로 벌렸고, 삼성 마지막 공격 때 최승욱이 이정현의 3점 슛을 블록하며 연패 탈출의 미소를 지었다. 연패 기간에도 DB의 연패 탈출을 응원하며 함께 호흡한 팬들의 성원은 대단히 인상적이었다. 선수단 못지않게 팬들도 좋아하는 팀, 응원하는 팀이 계속 연패를 하게 되면 스트레스와 상실감이 큰데 오로지 좋아하는 여가의 향유라는 욕구와 애정 등이 한데 어우러지며 굳건한 팬심을 자랑한다. 연패 탈출에 얼싸안고 기쁨을 만끽하는 팬들의 모습은 응원의 소중함을 일깨워주는 바이며, 굳건한 충성도와 애정 등을 입증해 보이며 팬=주요 고객이라는 방정식 성립을 고착화하게 한다.

이는 스포츠뿐만 아니라 우리네 세상살이에 있어서도 분명 의미가 있다고 본다. 세상만사 언제든지 돌발상황이 빚어질 수 있고, 대인관계든 생업이든 등 모든 면에서 잘 풀리다가 갑자기 안 풀리게 되는 경우가 허다하다. 거기에 여러 가지 조건이나 환경 등이 좋지 못한 상황이 빚어지면 육체, 심리적으로 괴로움 또한 크다. 이러한 부분들이 쌓이고 쌓일 때 공든 탑이 무너지듯이 모든 게 한순간에 무너지기도 한다. 그러나 하나 확실한 것은 있다. 아무리 어렵더라도 믿고 지지해주는 응원군들이 존재한다는 것이다. 비록 육체, 정신적으로 괴롭고 힘든 시간, 나날들이 많더라도 응원군들의 응원과 애정 등은 어려운 상황을 타개할 수 있는 밑알이 되기 때문이다. 응원군이 많고 적고는 중요하지 않다. 자신을 응원해 주는 사람이 단 한 명일지라도 최선을 다하는 모습을 잃지 않으면서 추구하는 바를 표출하려는 일념을 잘 가져간다면 온갖 고난과 역경 속에서도 훗날 웃는 모습이 생기리라는 확신은 변하지 않을 것이다. 그게 한 인간으로서 발전하는 자양분이니까.

복수혈전과 쇼다운-
허웅 vs 전성현

- 2022년 12월 8일

        지난 2022년 10월 25일 전주실내체육관에서 펼쳐진 전주 KCC 이지스와 고양 캐롯 점퍼스의 시즌 첫 맞대결은 진짜 명승부 중의 명승부였다. 서로 치고받는 팽팽한 난타전 속에 4쿼터 막판까지 손에 땀을 쥐는 레이스가 계속됐고, 게다가 KBS 2TV 인기 예능 프로그램『사장님 귀는 당나귀 귀』촬영으로 고양 캐롯 점퍼스 허재 대표가 직접 전주를 찾으면서 장남 허웅과의 '부자(父子)' 대결이라는 스포트라이트도 더 세간의 이목을 끌었다. 아버지 앞에서 보란 듯이 본연의 기량을 뽐내는 허웅과 '부정'을 접어두고 맡은 팀의 경기 양상에 오로지 '매의 눈'을 띄는 허재의 '동상이몽'은 경기 하이라이트 필름 장만에도 제격이었고, 중계 카메라 플래시 역시 허웅과 허재에 집중되기에 이르렀다. 허웅과 허재의 '부자' 대결로 많은 관심을 끈 이 매치업은 잔칫상에 먹거리도 풍족했다. 양 팀 에이스 허웅(KCC)과 전성현(캐롯)의 쇼다운은 장내 분위기를 더 뜨겁게 달궜는데, 허웅과 전성현 모두 4쿼터 막판 클러치 능력을 어김없이 발산하며 클라이맥스를 더 화려하게 빛냈다. 하지만 당시 승리의 미소는 캐롯을 향했다. 87:87로 맞선 경기종료 2초 전 전성현이 탑에서 3점 슛을 꽂아넣으며 승부의 추를 가져왔고, KCC 마지막 반격을 효과적으로 차단하며 적지에서 승리의 미소를 지었다. 이때 복수혈전의 서막을 열어젖힌 사건은 따로 존재했다. 다름 아닌 「당나귀 귀 전주 편」 클로징 인터뷰에서 승리의 미소를 띤 허재의 옆으로 허웅이 지나가면서 패배의 분함을 표출한 것. 냉혹한 승부의 세계에서 '부자'의 정은 온데간데없이 오로지 자신이 속한 팀의 일원으로서 경기에 집중하는 진정한 스포츠맨십 속에 장남 허웅의 분함은 복수의 칼날을 날카롭게 다듬는 하나의 복선인 것은 물론, 앞으로 두 팀이 벌일 5차례 매치업을 더 피 튀기게 만들 잣대로도 손색없다. 허재와 허웅의 부자대결뿐만 아니라 허웅과 전성현의 쇼다운 연출 여부에 대한 팬들의 기대치도 한껏 증폭되고 있고, 이들 모두 FA 이적 후 첫 시즌 더욱 완숙된 기량으로 새 둥지에 빠르게 젖어드는 공통분모가 내포되는 등 에이스로서 자존심 대결을 통한 쇼다운 연출을 또 한 번 기대케 하고 있다.

매서운 칼바람이 기승을 부리는 12월 8일. 두 팀의 이번 매치업 장소는 고양체육관이다. 이날 경기를 끝으로 두 팀 모두 2라운드를 마무리하는 가운데 직전 경기 1점 차 패배로 아쉬움을 삼킨 캐롯이나 KT 전 승리로 분위기 쇄신의 동력을 잡은 KCC 모두 또 한 번 명승부 실현에 대한 조건은 충분하다고 볼 수 있다. 여러모로 풍족한 잔칫상이 차려진 이날 매치업은 KCC가 1쿼터부터 리드를 줄곧 이어가던 흐름을 캐롯이 매섭게 쫓아가는 양상이 4쿼터 막판까지 이어졌지만, 특정팀에 두 번 패배는 허락하지 않겠다는 KCC의 열망이 캐롯의 추격전을 앞질렀다. 78:73으로 맞선 경기종료 2분 20초 전 허웅이 귀중한 3점 숏을 꽂아넣으며 캐롯의 작전타임을 유도했고, 이정현과 전성현 등을 앞세운 캐롯의 반격을 수비에서 적절히 제어하며 승기를 굳혔다. 결국, 경기종료 31초 전 정창영의 3점 숏까지 터져 나오며 카운터펀치를 꽂았고, 모처럼 집중력 싸움에서 우위를 점하며 미소를 지었다. 이날 이전까지 항상 4쿼터 막판 집중력에서 아쉬움을 삼켰던 KCC였기에 이날 승리는 향후 막판 승부처에서 자신감을 더욱 충전시킬 수 있게 하는 요인이 되기에 충분했다. 1라운드 패배의 분함을 딛고 복수의 칼날을 겨눠온 KCC와 허웅의 복수혈전도 결과적으로 성공적이었다. 허웅은 4쿼터 막판 결정적인 3점 숏을 포함, 득점과 팀플레이 등에서 좋은 모습을 보여주며 팀 공격을 지휘했고, 승부처에서 뛰어난 클러치 능력을 어김없이 폭발시키며 에이스의 진면목을 뽐냈다. 더군다나 이날 역시 1라운드와 마찬가지로 아버지인 허 대표가 직접 체육관을 찾은 앞에서 또 한 번 절정의 활약상을 뽐내며 팀의 시즌 첫 연승을 완성시켰고, 복수혈전의 엔딩까지 성공적으로 마무리하며 많은 팬을 환호케 했다. 이와 더불어 허웅과 전성현의 쇼다운은 이번 2라운드에도 여전했다. 전성현이 남다른 폭발력으로 3점 세례를 퍼부으면서 쇼다운의 서막을 열자 허웅도 저돌적인 돌파와 정확한 외곽숏을 통해 맞받아치며 코트는 더욱 뜨거워졌고, 자신의 득점은 물론, 팀 동료들의 찬스 메이킹까지 충실히 소화해내는 이들로 인해 나머지 선수들은 각자 롤을 더 극대화하는 효과를 가져왔다.

서로 다른 스타일을 지닌 선수들의 쇼다운은 팬들로 하여금 보는 관점의 니즈 충족은 물론, 경기 몰입도 배가, 스릴 증가 등 부수적으로 효과가 짭짤하고, 저마다 팬덤 확보와 MD 상품 구매 등도 플러스다. 그와 함께 여가 생활을 향유하는 데 있어 좋아하는 선수, 팀과 호흡하는 것은 너무나 즐거운 일이다. 좋아하는 선수가 활약을 펼치고 팀이 승리할 때 기뻐하는 팬들의 환호는 마치 묵혀있던 에너지를 시원하게 분출하는 것은 물론, 저마다 삶의 안식처 장만, '힐링' 등도 함께 도모하기에 전혀 부족하지 않다. 그렇기에 이날 허웅과 전성현의 쇼다운은 승패를 떠나 팬들의 니즈 충족을 이끌면서 많은 박수갈채를 이끌어냈고, 팀의 에이스로서 책임감 또한 충만함을 코트에서 그대로 표출해내며 이름값을 확실하게 했다. 경기 진행 속도가 상당히 빠르고 스펙타클한 농구라는 종목의 특성상 에이스들의 이러한 쇼다운은 농구 코트를 찾은 팬들로 하여금 큰 희열과 행복을 다시 한번 일깨워주는 바이다. 또, 농구의 상품 가치를 더 끌어올리게 하는 하나의 잣대이며, '팬 퍼스트' 정신에도 자연스럽게 부합하는 결과를 가져올 수 있다. 아버지 허 대표 앞에서 1라운드 패배를 설욕하기 위한 허웅의 복수극 또한 해피엔딩으로 종결됐다.

대개 부모와 자녀가 같은 분야에 종사하게 되면 늘 부모의 그늘이 따라다닌다. 모든 분야를 막론하고 공통적으로 2세들에게 적용되는 부분인데, 본연의 가치를 증명하면서 부모 꼬리표를 떼어내는 것 자체가 굉장한 고독함이 따른다. ~의 아들, 딸이라는 이유만으로 주변의 시기와 질투는 늘상 따라다니고, 부모의 그늘을 떼어야 한다는 책임감과 부담감이 공존하다 보니 스트레스가 이만저만 아니다. 특히 운동권은 유달리 이러한 현상이 부채질 된다. 부모가 선수로 뛰는 모습을 직 간접적으로 보고 자라다 보니 아무래도 비경기인 출신 부모를 둔 선수보다 환경 자체가 용이한 면이 짙고, 부모의 DNA와 운동 입문 욕구 등까지 더해지면서 엘리트 선수의 길로 뛰어든다. 엘리트 선수로서의 입문이 시작되는 순간부터 부모의 그늘, 주변 시기 질투 등이 본격적으로 시작되는데, 이때부터 모든 언행이 동료들과 동료 부모 등에게 주요 타깃이 된다. 그러면서 본인의 얼굴이 곧 부모의 얼굴이 되는 터라 남모를 속앓이를 상당히 심하게 한다. 피라미드 구조를 거치면서 이들에 대한 평가도 본격적으로 이뤄지게 되는데, 부모의 DNA와 싹을 토대로 좋은 평가를 받는 선수들이 있는가 하면 반대로 이에 못 미치는 선수들도 즐비하다. 그런 면에서 허웅은 아버지 허 대표의 화려한 명성과 그늘을 딛고 본연의 가치를 당당히 증명한 케이스다. 시즌을 거듭할수록 클러치 상황에서 해결사 능력은 더욱 무르익어가고 있고, 에이스로서 투철한 사명감과 책임감을 잘 가져가며 코칭스태프와 팀 동료들로 하여금 신뢰를 한몸에 받고 있다. 강점인 돌파와 외곽슛에 동료 선수들을 살피는 능력 또한 발전세를 거듭하는 중이고, 팀 동료들과 융화, 호흡 등 역시 무리 없는 모습이다. 이제는 허재 아들이라는 꼬리표는 자연스럽게 사라졌고, 수려한 외모와 빼어난 기량을 겸비한 인기 스타로 KBL 리그를 주름잡는 위치에 올라섰다. 허웅의 이러한 프로 정착기는 많은 이들에게도 영감을 주기에 충분하다. 물론, 환경이나 상황 등은 다르지만 말이다.

부모의 대를 이어 한 분야에 종사하는 2세들이 즐비하다. 경기인뿐만 아니라 경찰이든 교사든 사회 각계에 곳곳이 퍼져있다. 저마다 대를 잇는 경우는 다르지만, 아무래도 부모의 모습을 보고 꿈을 키우고 실현하는 부분을 거쳤다는 것은 부정하기 어렵다. 그러면서 직업윤리 실현, 역량 발전 등을 위해 안간힘을 쓴다. 하지만 하나 지워지지 않는 것이 있다. 바로 부모의 꼬리표다. 이는 해당 분야에서 잘하든 못하든 늘 따라다니는 요소다. 주변 시기 질투로 인해 마음의 상처를 많이 입기도 하고, 부모 그늘로 인한 온갖 선입견이 따라다니며 벙어리 냉가슴을 앓는다. 그래서 필요한 것이 바로 '우보천리'의 자세다. 주변 시선이나 선입견, 시기 질투 등에 아랑곳하지 않고 본연의 역량을 극대화하며 영역 확장 등을 꾀하는 것이다. 부모와 성격, 성향 등이 판박이일 수 있고, 다를 수 있다. 인간은 사회적 동물과도 같기에 더 그렇다. 그렇기에 각자 추구하는 방향대로 쭉 설계를 진행한다면 부모의 그늘을 지우면서 사회적 지위에서 가치를 인정받는 것은 자연스럽게 따라올 것이다. 이 안에서 시행착오는 분명 존재하나 육체, 심리적으로 정비만 잘 이뤄지면 좋은 상황은 얼마든지 연출된다. 주변 시기 질투, 시선, 선입견 등을 너무 의식하고 연연할 필요는 없다. 그저 '마이웨이(My way)'를 외치면서 나아가면 되니까.

폭설도 막지 못한
스포츠

- 2022년 12월 17일 전주

한 해의 마지막인 12월도 어느새 중순을 향해 내달리고 있다. 매년 12월 중순은 '동지'의 임박과 더불어 추위가 본격적으로 닻을 올리는 절기이다. 매서운 칼바람이 날이 갈수록 기승을 부리는 와중에 호남 지역은 폭설로 도로 전체가 결빙되는 사태를 맞았다. 폭설로 인한 결빙에 차량 통행은 주말임에도 혼잡스러웠고, 안전 운행을 위해 체인을 차는 시민들도 끊이지 않았다. 자연스럽게 거리에 차량 운행 속도는 거북이처럼 될 수밖에 없었고, 전주 시내버스 역시 폭설로 인한 결빙으로 인해 운행 지연이 빚어지면서 정류장에서 목적지까지 이동을 위해 버스가 오기만을 오매불망 바라보는 시민들도 발을 동동 구를 수밖에 없었다. 필자 또한 예외가 아니었다. 전주역에 도착하면 시내버스 정류장까지 약 2~3분여 도보 이동하면 되는데 도착하자마자 이러한 현상은 더욱 심화됐다. 차량이 도로에 거의 갇혀있다시피 하다 보니 말 그대로 도로는 아수라장이었고,

오전부터 쏟아진 거센 눈발도 좀처럼 잦아들지 않으면서 혼란은 더욱 가중됐다. 버스 운행 지연 여파로 평소 도착했어야 할 시간에 정류장에 발을 동동 굴렀고, 택시 승차 또한 여의치 않으면서 머릿속이 하얘졌다. 기다림 속에 시간은 자연스럽게 흘러갔고, 기다리는 시간 동안 버스 배차도 평소보다 긴 나머지 안절부절못했다. 긴 기다림 끝에 어렵사리 버스에 탑승했고, 행여나 사고가 빚어지지 않을까 노심초사할 수밖에 없었다. 아무래도 결빙 상태에서 차량이 겹겹이 얽혀있게 되면 사고 발생 우려가 짙기에 더 그렇다. 다행히 버스 기사님들의 안전운행 덕택에 전북대 인근까지 무사히 도착했고, 버스 하차 이후 전주실내체육관까지 어렵지 않게 도보 이동을 할 수 있었다.

주변 풍경이 장관이었다. 거센 폭설의 여파로 전북대 인근은 물론, 캠퍼스 전체가 눈보라를 이뤘고, 캠퍼스 안에 있는 나무와 꽃, 식물 등도 눈발에 덮여 진짜 겨울 풍경을 연출하기에 이르렀다. 주변 거리 또한 눈이 쌓일 대로 쌓이는 것은 당연지사였다. 거센 폭설과 결빙 등의 악재에도 변하지 않은 것은 바로 팬들의 열정과 성원이었다. 눈길을 뚫고 체육관을 찾은 팬들이 가득한 것을 보니 참 팬심이 대단하다는 것을 새삼 느끼게 했고, 좋아하는 팀과 선수를 응원하기 위해 전주까지 발걸음을 향한 장거리 이동 팬들, 전주시 및 전북 지역 거주 팬들 등의 이러한 열정과 성원은 선수단에게 크나큰 에너지원이나 다름없다.

거센 폭설 속에서도 이날 매치업은 전주 KCC와 서울 삼성이다. 그런데 두 팀의 온도 차는 뚜렷하다. KCC는 직전 안양 KGC인삼공사 원정에서 귀중한 승리를 낚아채며 중위권 도약에 기지개를 켠 반면, 삼성은 5연패의 늪에 빠지며 페이스가 뚝 떨어졌다. KCC는 여전한 1번 포지션의 열세와 얇은 선수층 등에도 허웅과 이승현, 라건아 등 핵심 자원들 컨디션이 점차 올라오고 있고, 삼성은 이동엽과 이원석 등이 줄줄이 부상으로 이탈하며 앞뒤 구멍이 상당 부분 뚫렸다. 일정도 차이가 있다. KCC는 이날 삼성전을 포함, 크리스마스 연휴까지 홈에서 일정을 치르는 반면, 삼성은 매년 연말만 되면 연례행사(삼성 홈 코트인 잠실실내체육관은 매년 연말 가수들의 콘서트를 비롯해 각종 행사 대관으로 가득하다. 해외와 달리 대한민국은 시설 관리 소유가 지방자치단체다. 따라서 지방자치단체의 입김이 많이 작용한다.)와 같은 원정 팔도 투어로 육체, 정신적 빡빡함이 심화되고 있다는 차이가 존재한다. 팀 페이스와 분위기 등 모든 면에서 KCC가 우위를 점하리라는 시각이 주를 이뤘다. 더군다나 삼성이 마커스 데릭슨의 부상 일시대체로 데려온 조나단 알렛지가 취업 비자를 발급받고 이날 경기부터 출전할 수 있지만, 몸 컨디션이나 시차 문제 등을 고려하면 큰 활약을 기대하기 어려웠다. 하지만 역시 뚜껑은 열어봐야 하는 법이다. KCC가 우위를 점할 것이라는 시각은 1쿼터부터 보기 좋게 뒤집어졌다. 이원석을 대신해 스타팅 출전한 조우성이 수비와 리바운드에서 좋은 모습을 보여주며 보드 장악에 힘을 실어줬고,

이호현과 김시래, 이정현 등 앞선 자원들의 득점 지원이 더해지며 30:15, 더블 스코어로 앞선 채 1쿼터를 마무리했다. 지난 경기와 달리 1쿼터 숫 컨디션이 좋지 못한 모습을 보인 KCC는 2쿼터 들어 허웅과 론데 홀리스 제퍼슨이 내 외곽을 넘나들며 득점을 쌓아 올렸고, 삼성은 이적 후 첫 친정 원정에 나선 이정현과 이호현이 앞선에서 좋은 컨디션을 보여주며 리드를 잃지 않았다. 48:40, 삼성이 8점 차로 앞선 채 전반이 마무리된 가운데 후반에도 KCC가 쫓아가면 삼성이 벌리는 경기 양상이 거듭됐으나 4쿼터 막판 베테랑의 쇼타임이 경기를 완전히 지배했다.

　주인공은 다름 아닌 삼성 '캡틴' 이정현이었다. 5년간 전주를 홈 코트로 사용하면서 코트 분위기나 감각 등이 익숙한 효과가 이날 어김없이 드러났는데, 4쿼터 막판 쇼타임으로 KCC 추격 의지를 완전히 뿌리쳤다. 65:64로 근소하게 앞선 4쿼터 6분 39초 전 귀중한 앤드원으로 얻은 자유투 1개까지 꽂아넣으며 격차를 벌렸고, 4쿼터 중 후반을 넘어가면서 2점 숫과 3점 숫 모두 펑펑 터뜨리며 KCC 수비를 초토화시켰다. 나머지 선수들의 공격 찬스를 살피는 것은 물론, 다양한 공격 옵션을 펼쳐 보이며 다양한 공격 옵션도 주저 없이 표출하며 노익장을 한껏 과시했다. 4쿼터에 보여준 가공할만한 폭발력은 경이로움 그 자체였고, 가지고 있는 스킬을 적극 활용하면서 경기를 지배하는 부분 또한 엄지 척이었다. 이러한 이정현의 친정 사냥은 삼성의 5연패 탈출에도 큰 디딤돌이 됐고, 이정현 본인에게도 최근 부진을 딛고 다시금 페이스 회복의 기틀을 장만하는 좋은 일전이었다. KCC는 이전 경기들과 달리 초반부터 숫 컨디션이 좋지 못한 모습을 보여주며 끌려가는 경기를 펼칠 수밖에 없었고, 초반 붕괴된 수비 조직력과 함께 4쿼터 이정현의 쇼타임을 제어하지 못한 부분도 못내 아쉬웠다. 또, 사실상 삼성이 용병 선수 1명이 뛰는 조건에서도 발놀림이 뭔가 무딘 기색이 역력했고, 그러면서 지난 15일 KGC인삼공사 원정 승리의 기세가 다소 꺾이게 됐다.

거센 눈발로 인한 도로 결빙 등의 악조건 속에서도 팬들의 굳건한 성원과 열정이 전주로 발걸음을 향하게 했지만, 문제는 경기종료 직후였다. 전북대 사거리 지하보도로 이동하면서 전주역발 버스 정류장에 입성했는데 전주시 차원에서 행정 착오가 많은 시민을 혼란에 빠뜨렸다. 본래 폭설로 인한 기상 악화가 발생할 때 지자체 차원에서 제설작업은 당연히 행해져야 하는 일이다. 그래야 시민들의 혼선을 없애면서 도로 제설작업을 비롯한 후속 대책을 시행하는데 용이하기 때문이다. 그런데 제설작업에 있어 늑장 행정이 크나큰 문제가 됐다. 거듭된 폭설로 인한 도로 결빙에 버스 배차 또한 지연될 수밖에 없었는데 본래 정류장 도착 시간만 철석같이 믿고 버스 도착을 바라보던 시민들이 추위에 덜덜 떨면서 옴짝달싹 못했다. 정류장에 발이 묶이다 보니 시민들 저마다 많은 불편을 겪었고, 급기야 장거리 도보 이동 등을 감행하는 촌극이 빚어졌다. 갑작스레 쏟아진 폭설이 아닌 대설경보가 전날부터 발령된 상황에서 도로에 제설차량이 전혀 보이지 않았던 것도 교통 대란을 부채질했고, 빙판길과 같은 도로 제설 작업의 미시행에 시민들의 분노 지수 또한 폭발했다. 이러한 부분에 있어 필자도 예외가 아니었다. 정류장에 발이 묶인 나머지 기약 없는 버스 기다림을 계속했고, 정류장 버스 도착 안내방송 전파가 뚝 끊기면서 정류장에 표시된 시간표 역시 무용지물이었다. 자연스럽게 기차 시간은 더더욱 쫓기게 했고, 도로 상황과 소요시간 등을 감안하면 기차를 놓칠 여지도 다분했다. 어둠 속에 한줄기 오아시스가 내리쬔다고 했던가. 기다림의 메아리 속에 전주역발 버스가 우여곡절 끝에 도착했고, 평소보다 통행과 이동이 원활하지 못한 악조건에도 어렵사리 전주역에 정차했다. 사실 빙판길로 변해버린 도로 상황이라 무사 정차에 노심초사했다. 눈길 운행이 늘상 사고 위험이 도사리고 있기에 더 그랬다. 다행히 이러한 우려는 정차와 함께 말끔히 사라졌고, 기차 탑승 역시 무사히 이뤄졌다. 팬들의 열혈한 성원과 응원 등에는 저절로 박수가 나오지만, 대설로 인한 지자체 늑장 행정에 대해 아쉬움이 짙은 날이 되지 않았나 생각된다. 지자체 행정이 대설과 같은 돌발상황 때 유기적으로 맞물려 가야 하는 것은 물론, 지자체 수장이자 컨트롤 타워의 역량이 얼마나 중요한가를 새삼 일깨워주게 된다.

작은 하나에 모든 것이 갈렸다- KGC인삼공사 vs SK

– 2022년 12월 18일

       저출산과 고령화 등으로 인해 대한민국의 인구 절벽이 무너져가고 있는 현실에 매년 대한민국은 60만 명이 넘는 수험생(고3 및 재수생 포함)이 대학수학능력시험을 치른다. 해가 거듭될수록 심화되고 있는 지나친 입시 경쟁에 의해 매년 수능 때마다 작은 하나에 의해 원하는 대학 입학이 판가름나는 현실에 눈물을 짓는 수험생들이 비일비재하다. 고교 3년 동안 공들여 온 땀과 노력이 물거품 되는 모습을 보면 그저 안타깝다는 말 밖에 나오지 않는다. 물론 필자는 이러한 부분을 그다지 좋아하지 않아도 말이다. 그런데 스포츠는 작은 하나에 의해 모든 승패가 판가름나는 분야다. 아무리 좋은 경기를 펼치다가도 에러 하나에 의해 흐름이 확 넘어가면서 무너지는 경우가 수두룩하다. 진학과 취업 등의 중대 기로에 있는 아마추어의 경우 이러한 부분이 선수의 진로 경로를 요동치게 만들기도 하고, 프로는 아마추어와 달리 장기 레이스에서 순위 싸움

때 너무나 뼈아프게 다가오도록 만든다. 실제로 매년 좋은 성과를 내는 팀들을 보면 작은 에러와 같은 디테일한 면을 잘 가져간 덕분에 농사 풍년을 이뤘다고 해도 과언이 아니고, 승부처에서 집중력을 잃지 않으면서 '원 팀'의 모토 구현이 한 원동력이다.

지난 시즌 챔프전부터 치열한 명승부를 펼치며 신흥 라이벌 관계를 수립하게 된 KGC인삼공사와 SK의 일전이 펼쳐진 안양실내체육관을 향했다. 주 후반 거센 폭설은 온데간데없이 모처럼 맑은 하늘이 펼쳐진 이날 주말을 맞아 안양실내체육관을 향하는 팬들로 인산인해를 이뤘다. 안양이라는 지역 자체가 경기도 중부에 위치하면서 서울과 인접한 좋은 접근성으로 인해 유동이 많고, 대중교통을 비롯한 교통 노선 또한 유기적인 출·퇴근을 이끌고 있다. 전날에 이어 백투백 일정을 치르는 두 팀의 온도 차는 사뭇 달랐지만, 신흥 라이벌 관계의 판에 맞게 팬들의 발걸음은 분주했다. 매년 크리스마스 시기가 다가오면 크리스마스 스페셜 유니폼을 착용하는 KGC인삼공사는 이전과 달리 크리스마스 유니폼 에디션 착용 이후 결과가 좋지 못했지만, 매년 유니폼 디자인을 크리스마스라는 타이틀에 맞게 변화를 주면서 많은 팬의 소비 욕구를 불러온 관례만큼은 어김없이 이어지며 팬 성원 보답의 팬 서비스 실현에 만반의 준비를 마쳤다. SK는 전날 고양 캐롯 원정에서 상대 소나기 3점 슛 세례를 제어하지 못하면서 완패의 쓴잔을 들이켰지만, 원주-수원-고양-안양-대구-울산으로 이어지는 원정 6연전의 반환점에서 승리로 다시금 연승 모드 재촉에 대한 욕구를 불태울 태세다. 한 주를 마무리하는 일요일을 맞아 KGC인삼공사 홈 팬들은 가족 단위, 연인 단위, 지인 단위 등 다양한 관계로 맺어진 이들이 체육관을 찾았고, 이에 질세라 SK 원정 팬들도 KGC인삼공사와 마찬가지로 가족, 연인, 지인 등 상당수 안양을 찾으면서 장내 응원 열기를 더했다.

앞선 2차례 일전 모두 4쿼터 막판까지 접전 양상을 거듭했는데 이날 역시 치열한 명승부의 향연이었다. KGC인삼공사는 오마리 스펠맨과 변준형의 슛 컨디션이 다소 좋지 못했지만, 유독 SK전에서 활약상이 좋았던 렌즈 아반도가 내 외곽에서 활발한 득점력을 선보이며 단비를 내리게 했다. SK는 자밀 워니가 압도적인 보드 장악력으로 KGC인삼공사 인사이드를 초토화시킨 것은 물론, 허일영과 최준용의 지원 사격이 더해지며 내 외곽의 밸런스를 높였다. 이에 한시도 눈을 떼기 어려운 경기 양상이 계속됐고, 4쿼터 막판 클라이맥스를 향하면서 팬들의 데시벨은 더욱 높아졌다. 76:76으로 팽팽히 맞선 경기종료 1분 22초 전 김선형이 렌즈 아반도의 볼을 뺏어낸 뒤 곧바로 속공 득점을 연결시키며 리드가 SK 쪽으로 향했고, 수비 성공에 이은 허일영의 야투가 성공되며 격차를 4점 차로 벌렸다. 곧바로 KGC인삼공사가 오마리 스펠맨의 3점포가 터지면서 1점 차로 추격하자 SK도 최준용의 야투로 응수하며 어렵사리 가져온 리드를 잃지 않았다. 경기종료 4초 전 안양실내체육관이 떠들썩했다. 82:79로 앞선 경기종료 4초 전 허일영이 3점라인 바깥에서 렌즈 아반도에게 파울을 범한 것. 팀 파울 상황에서 자유투 3개가 주어지게 됐고, 내 외곽을 넘나들며 쾌조의 컨디션을 선보인 렌즈 아반도의 활약상을 고려하면 동점도 충분히 가능했다. 긴장지수가 높아진 와중에 성공과 실패 여부에 따라 승패가 요동치는 극한의 상황에 자유투 3번째 시도 중 2번째 시도까지 림을 깨끗하게 갈랐다. 스코어는 81:82, 1점 차로 줄어들었다. 체력적인 부담 속에서도 좋은 숏 감각을 그대로 이어간 아반도의 포커페이스가 빛을 낸 대목이라고 볼 수 있다. 하지만, '호사다마(好事多魔)'라고 했던가. 마지막 3번째 자유투가 림 맞고 튀어나오며 동점 찬스가 무산됐고, 최준용이 리바운드를 잡아내며 승부가 종결됐다. SK 입장에서는 놀란 가슴을 쓸어내려야 했고, KGC인삼공사는 마지막 자유투 1개와 턴오버가 두고두고 아쉬움으로 남을 수밖에 없었다. 마지막 자유투 1개를 놓치면서 얼굴을 쥐어뜯는 아반도의 표정에 아쉬움, 자책 등이 공존한 모습은 분명 좋은 교훈이었다. 비단 농구에 국한되지 않고 말이다.

작은 에러 하나에 의해 운명이 판가름나는 가혹함이 자신감 결여와 같은 악순환으로 이어질 우려가 다분한 것은 사실이다. 이는 원하는 결과를 쟁취하지 못했을 때 더 심화되기도 한다. 그러나 이 또한 인생의 지표에 있어 한 과정이다. 어느 특정 순간만 바라보고 인생을 살아가는 것은 아니기에 너무 일희일비할 필요는 없다. 오히려 작은 에러로 인한 쓰라림이 각자 신분에서 발전하는 데 좋은 자양분이 되기 때문이다. 그렇기에 의기소침하지 말고 하던 대로 쭉 진행하면 같은 상황이라도 다른 결과로 웃을 수 있다.

폭설로 뒤덮인 대한민국 -
수원 KT 소닉붐 아레나에서

– 2022년 12월 23일

연말연시는 모든 현대인이 한 해를 돌아보고 정리하는 시기다. 한 해 동안 쌓여있던 근심걱정을 잊고 새로운 한 해의 청사진을 그리면서 저마다 육체, 심리의 충전을 꾀하기도 한다. 동짓날이 지나면서 대한민국은 폭설로 온 거리가 뒤덮였다. 역대급 강추위와 칼바람에 폭설까지 더해지면서 체감온도는 더욱 내려갔고, 시민들이 옷차림을 완전 중무장해도 무용지물이었다. 그칠 줄 모르는 눈발이 휘날리면서 도로는 꽁꽁 얼어붙었고, 빙판길이 되면서 차량 정체 현상이 자연스럽게 심해졌다. 그러면서 대중교통은 지연 운행이 될 수밖에 없었고, 뱃길과 하늘길은 아예 전면 운행이 결항되면서 시민들의 발 또한 묶였다. 공교롭게도 크리스마스이브를 앞두고 이러한 광경이 펼쳐진 만큼 동장군 추위 속에 이동 대란이 빚어졌다고 해도 과언이 아니었다. 서울에서 대중교통으로 수원, 안양, 과천 등 경기 남부권을 향하게 될 때 사당역은 필수 코스다. 지하철 2호선과 4호선 환승 노선이 잘 연결된 데다 경기 광역버스 노선 또한 나무 랄 데 없이 갖춰진 곳이라 매일 시민들의 발길이 끊이지 않고, 수도 방위사령부를 거쳐 의왕톨게이트를 밟고 수원, 과천, 안양 등에 다 다르는 시간도 20여 분에 불과하다. 필자에게 수원은 자주 방문하 는 곳 중 하나이고, 이동의 편리함과 더불어 곳곳에 맛집이 풍부하 게 갖춰져서 늘 행복한 고민으로 가득하다.

2021년 KT 소닉붐이 부산에서 수원으로 연고지를 이전하면서 2001년 삼성이 수원에서 서울로 연고지를 이전한 이후 20년 만에 수원 연고 프로농구팀이 탄생했는데, 그렇게 해서 수원 방문 여력이 더 많아진 것일지도 모르겠다. 연고지 이전과 함께 새로운 KT의 홈 코트는 서수원칠보체육관이다. 2016년 완공된 체육관이라 시설이나 모든 면에서 최신식을 자랑하고 있고, 지방 광역자치단체 중 유일하 게 4대 프로스포츠 연고팀을 보유한 수원시의 적극적인 자세에 경기 장 네이밍 라이트 부착도 이끌어냈다. 타 홈 코트에 비해 미흡한 대 중교통편과 협소한 체육관 주차 시설은 옥에 티로 지적되나 체육관 주변 아파트 단지가 밀집하면서 공원이나 야외 광장에 시민들이 삼 삼오오 모여있는 모습은 운동을 통한 건강 증진을 비롯한 여가 향 유, 기분 전환 등에 있어 분명 긍정적인 면이 존재한다. 수원시 네이 밍 라이트 부착과 함께 서수원칠보체육관의 명칭은 수원 KT 소닉 붐 아레나로 명명됐다. 야구 수원 KT 위즈파크와 함께 수원 연고의 이미지 제고를 도모하려는 복안이고, 부산 연고 시절과 달리 선수단 이동 거리 최소화, 훈련 효율성 강화 등의 부수적인 효과도 수원 연고 이전의 메리트라고 볼 수 있다.

필자가 수원 KT 소닉붐 아레나를 찾는 루트는 바로 좌석버스 탑승이다. 사당역 9번 출구로 나오면 수원, 화성 등 향하는 좌석버스 정류장이 겹겹이 분포됐고, 수원 KT 소닉붐 아레나를 향하려면 좌석버스 7800번 버스에 탑승해야 한다. 가온마을 4단지 정류장이 수원 KT 소닉붐 아레나와 바로 붙어있고, 좌석버스로 약 40여 분밖에 되지 않는다. 그러다 보니 대중교통 편의에 있어 다소의 불편함을 감수하면서도 수원 KT 소닉붐 아레나를 찾는 데 있어 숨통을 트이게 하지 않나 싶다. 빙판길로 뒤덮인 도로를 달려 수원 시내로 입성했고, 약 40여 분 이동 시간을 거쳐 수원 KT 소닉붐 아레나 인근에 입성했다. 추위가 기승을 부리는 와중에도 저마다 각기 다른 이유로 발걸음을 옮기는 시민들의 행렬은 여전했고, 곳곳에 진열된 크리스마스 트리도 함께 보니 화이트 크리스마스 느낌을 주게 했다. 수원 KT 소닉붐 아레나의 경우 주변 아파트 단지가 밀집된 위치적 특성상 식당가까지 이동해야 하는 부분이 존재하지만, 금강산도 식후경이라는 말처럼 끼니 해결을 위해서는 큰 문제가 되지 않았다. 사거리로 나오면 상가 건물이 곳곳이 형성됐고, 홈플러스도 있어 무엇을 끼니로 채울지 고민이 가득했다. 늘 무엇을 먹을지 머리를 쥐어짜는 것 또한 현대인들에게 일이라면 일이라고 볼 수 있는데 고심 끝에 롯데리아에서 햄버거 세트로 끼니 해결을 결정했다. 햄버거 프랜차이즈

전문점이 색다른 메뉴 출시를 자주 하는데 이 부분에 대한 호기심이 가득해서 먹게 된 것 같다.

끼니 해결 이후 체육관에 들어서니 완전 딴 세상을 맞이했다. 바깥에 추운 공기와 달리 체육관 내부는 온기로 가득하기 때문이다. 추위에 아랑곳하지 않고 굵은 땀방울을 쏟아내는 선수단의 노력과 함께 시즌도 중반부를 향해 치닫는 것을 보니 순위 싸움에서 낙오되지 않으려는 구상이 본격화되는 느낌이 가득하다. 시즌 전 대권 후보로 불렸던 평가가 어울리지 않게 하위권을 맴돌고 있는 수원 KT와 대구 한국가스공사 모두 이날 연패 탈출이라는 공통분모가 확실했다. KT는 최근 홈 4연패 및 3연패의 늪에 빠지면서 중 하위권을 벗어나지 못하고 있고, 한국가스공사는 안방 3연승 뒤 3연패로 상승 흐름이 끊겼다. 더군다나 KT의 경우 시즌 초반부터 극도의 부진으로 서동철 감독의 골머리를 앓게 했던 이제이 아노시케 대신 한국 땅을 밟은 재로드 존스가 KBL 데뷔전을 치르게 됐고, 한국가스공사 역시 '캡틴' 차바위의 종아리 부상 공백과 함께 머피 할로웨이와 이대성에 대한 높은 의존도가 큰 고민을 안겨주고 있다. 그렇기에 두 팀 모두 반등의 모멘텀을 마련하기 위해서는 이날 절대 놓칠 수 없다. 연패 탈출의 공통분모와 함께 두 팀은 4쿼터 마지막까지 손에 땀을 쥐게 하는 접전을 거듭했지만, 승리의 추는 KT를 향했다. KT는 76:74로 앞선 4쿼터 종료 1분 44초 전 재로드 존스가 귀중한 3점 슛을 터뜨리며 리드를 다시 가져왔고, 상대 팀 파울로 얻은 자유투를 하윤기와 박지원이 침착하게 성공시키며 가쁜 한숨을 몰아쉬었다. 한국가스공사는 적극적인 오펜스 리바운드 참여를 토대로 4쿼터 막판 추격의 동아줄을 다시금 잡는 듯했지만, 공격 상황 때 턴오버와 머피 할로웨이, 이대성의 부진 등이 한데 겹치면서 패배의 쓴잔을 들이켰다.

엄동설한의 날씨 속에 홈 4연전(23- 한국가스공사, 25- DB, 27- 현대모비스, 30- 삼성)의 첫 테이프를 기분 좋게 끊은 KT의 연패 탈출기는 세상사 쇄신의 방법 중 하나였다. 스포츠에서 기대에 못 미치는 결과물이 나올 때 분위기 쇄신책으로 주로 용병 교체가 행해지는데, KT의 이날 한국가스공사 전은 반전의 실마리를 찾기에 충분했다. 재로드 존스가 내 외곽을 가리지 않고 폭발적인 득점력을 선보이며 서 감독을 미소 짓게 했고, 재로드 존스로 인해 양홍석, 하윤기, 정성우 등 나머지 선수들과 시너지 효과 창출에 있어 가능성을 남겼다. 물론, 첫술에 배부를 순 없으나 적어도 한국가스공사 전 하나만을 놓고 보면 중위권 도약에 있어 숨은 복병으로 떠오를 여지도 남겨뒀다고 볼 수 있다.

세상사 뜻대로 잘 풀리지 않을 때 많은 현대인은 쇄신책을 찾기 위해 모든 방법을 다 동원하기도 한다. 이는 사회적 지위에서, 대인관계에서 등 모든 면을 막론하고 마찬가지다. 그러면서 내놓은 쇄신책을 통해 처한 상황이나 위치 등에서 모태를 형성하기도 한다. 물론 사람마다 성향이나 성격 등이 다르기에 100% 정답은 없다. 또, 환경적인 부분이나 여러 가지 부분도 고려되어야 한다. 그렇지만 각자 맞는 방법을 찾으면서 하나하나 착실히 가꿔가면 분명 좋은 부분이 형성된다. 비록 사소한 것일지라도 말이다. 이 과정에서 시행착오는 당연하다. 한 번에 모든 것이 확 바뀌기는 어려울뿐더러 기존 만들어 온 스타일을 아예 버린다는 것도 리스크가 크기에 더 그렇다. 가지고 있는 틀을 유지하면서 쇄신책을 통해 얻은 방법을 잘 섞어놓는 것이 중요하지 않을까 생각된다. 그래야 발전적인 방향에서도 플러스가 되기 때문이다.

한 해 마지막 주의 시작
창원에서

– 2022년 12월 26일

한 해의 마지막 주다. 국가적으로 대통령이 바뀌고 이태원 참사를 비롯한 여러 가지 사건 사고들이 끊이지 않은 한 해가 완전히 저물어가는 주의 클로징이 찾아온 것이다. 한 해 마지막 주를 맞으니 또 한 해가 이렇게 일생의 한 페이지로 남는다. 2020년대 시작이 전 세계를 뒤흔든 코로나19로부터 이뤄졌다고 해도 과언이 아닌데, 2022년 4월 18일 사회적 거리 두기 폐지로 이전 일상이 조금씩 회복되는 모습이 나오고 있어 한편으로 다행스럽다. 지난주 크리스마스 연휴가 비로소 화이트 크리스마스의 기운을 조금이나마 풍기게 했는데, 매섭게 흩날린 대설은 온데간데없이 맑은 하늘이 활짝 펼쳐지면서 한 해 마지막 주에 유종의 미를 장식하라는 메시지를 주는 징조가 되는 것이 아닌가 생각된다. 여느 해와 마찬가지로 다사다난한 한 해가 저물어가면서 나이가 한 살 더 먹는 날 역시 머지않았다. 활짝 펼쳐진 맑은 하늘과 함께 필자는 창원발 KTX 열차에 몸을 실었다. 창원은 안상수 시장 재임 시절이던 2010년 7월 1일부로 마산, 진해와 통합되면서 통합 창원시로 행정명이 개편된 데다 2022년 1월 12일부로 「지방자치조례개정법」에 의해 특례시로 출범되면서 도시 이미지 제고와 지역적 위상이 높아졌다. 수도권 이외 지역으로는 유일하게 특례시 출범이라는 상징성 또한 결코 무시될 수 없다. 특례시 출범했다고 해서 상업, 산업적인 부분이 단기간에 바뀌기는 어려워도 웬만한 광역시에 버금가는 행정적 권한을 부여받는다는 것 자체가 인구 소멸의 위기가 가속화되고 있는 지방 도시에는 하나의 위안이다.

동절기 때 창원을 찾게 되면 필자는 주로 열차를 이용해 창원중앙역에 내린다. 창원중앙역은 여느 기차역과 달리 약간 독특한 면이 있다. 바로 창원대를 병기 역명으로 사용하고 있다는 것이다. 이는 일반 철도에서 대학교 명칭을 병기 역명한 최초이자 유일한 역이다. 늘 재정적인 어려움에 시달리고 있는 대학교가 역 부지 일부를 제공했다는 자체만으로도 획기적이라고 볼 수 있고, 통합 창원 시내에서 유동인구가 가장 많은 지역이라 늘상 발길이 쇄도한다. 경전선 구간이 다른 경부선, 호남선 등에 비해 운행 횟수가 적어도 말이다. 수도권과 달리 지방은 대중교통 노선의 편리함과 원활함 등이 여의치 못한 탓에 역에서 하차 이후 택시와 자가용을 각각 이용하는 승객들로 붐비면서 도로가 혼잡한데, 필자는 주로 시내버스를 이용하게 되는 터라 이 부분에 대한 불편함은 없다. 2시간 50여 분의 열차 운행을 거쳐 필자는 창원종합운동장을 향하는 시내버스에 몸을 실었다. 창원종합운동장까지 소요 시간은 약 20~25분 정도 되는데 아무래도 도심과 가까워도 시가지와 떨어진 영향이 크다. 많은 시민이 열차 하차 이후 시내버스가 아닌 택시를 선호하는 것도 이 때문이다. 그럼에도 시내버스 탑승 이후 지역 곳곳을 한 번 둘러보는 것을 개인적으로 좋아하는 필자는 이러한 여건에 아랑곳하지 않고 빠르게 버스에 탑승해서 비로소 창원종합운동장에 도착했고, 창원종합운동장 옆에 바로 위치한 창원실내체육관이 딱 보이니 창원 LG 세이커스의 홈코트임을 자연스럽게 알리는 징조라고 볼 수 있다. 창원실내체육관은 타 체육관과 달리 장외 공간이 굉장히 넓다. 체육관 바깥 야외 광장이 마련되어 있어 농구 시즌이든 비시즌이든 많은 생활체육 동호인들이 길거리 농구와 스케이팅, 걷기 등을 즐기기에 제격이고, 규격과 공간 등도 비교적 알맞게 설정된 부분이 인근 아파트 주민(창원종합운동장 사거리 부근은 아파트 단지가 밀집되어 있다.)은 물론, 창원시민들의 생활체육 참여 장려도 이끌 수 있는 매개체가 충분히 될 수 있다고 본다. 아무래도 겨울은 오후 5시 이후만 되면 해가 점차 저무는데, 체육관 입구 불이 환하게 비추는 것을 보니 오늘은 창원 LG 세이커스 홈 경기날이라는 분위기를 딱 암시하고 있다.

날씨는 여전히 추위가 기승을 부리고 있는 와중에 항상 식사는 무엇을 먹을지 정하는 것이 일이라면 일이다. 창원종합운동장 사거리에서 아파트 단지 부근으로 올라가면 반송시장이 있고, 아파트 단지

상가 건물 내에 일부 식당들도 입점하고 있어 고민의 연속이었다. 탕 종류를 먹어도 좋고 밥 종류를 먹어도 좋고, 그런 상상의 나래가 머릿속에 그려지는 것이 자연스러운 수순과도 같았다. 고심 끝에 고른 메뉴는 카레였다. 추운 날 카레에 사이드 메뉴로 닭튀김 정도 먹으면 한 끼 식사로는 충분하리라 봤고, 마침 카레가 먹고 싶은 생각도 문득 들어서 그랬던 것 같다. 원래 오랜만에 먹는 음식과 메뉴가 진국이라고 모처럼 카레의 진한 향을 느끼니 좋았고, 식사 해결 이후 파리바게트와 GS25 편의점에서 제과류를 후식으로 구매하며 끼니 해결은 잘 흘러가게 됐다.

이상하리만치 창원 홈에서 큰 재미를 보지 못하고 있는 LG와 3라운드를 기점으로 상승 기류를 타고 있는 KCC의 이날 매치업은 앞선 2차례 매치업과 분명 다른 조짐이 일어날 여지가 다분했다. 효과적인 투 트랙 전략으로 선수들의 부상을 최소화하고 있는 LG는 조상현 감독 체제 하에 활발한 로테이션이 점차 뿌리를 내리면서 팀 전력의 짜임새가 한층 더해지고 있고, 시즌 초반부터 핵심 선수들의 부상과 컨디션 저하 등에 신음하던 KCC는 라건아와 이승현, 김지완 등이 점차 제 페이스를 찾는 모습을 보여주면서 팀 경기력이 한층 올라갔다. 한마디로 요약하면 KCC의 '창'을 LG의 '방패'가 어떻게 막아낼지에 대한 궁금증이 증폭된 것이다. 필자는 4개월 만에 창원을 찾았다. 창원은 본래 농구의 도시로 인지도가 제법 단단했던 지역이다. LG라는 네이밍이 LG전자 본사를 필두로 창원에 워낙 탄탄하게 자리 잡혀있고, 경남 특유의 화끈한 성향과 열정 등이 한데 어우러지며 농구 도시의 맥을 이어가고 있다. 최근 좋지 못한 성적 속에서도 연습 체육관과 사무국 모두 창원으로 이전하며 연고지 정착에 힘쓰고 있는 부분은 성과만 받쳐주면 얼마든지 창원의 봄날이 올 수 있다는 잠재성을 일깨워주는 바이다.

2022년 마지막 홈경기라는 상징성에 평일임에도 제법 관중들이 들어섰다고 볼 수 있는데 학생들의 방학 시기와 맞물리며 학생 단체 관람이 눈에 띄었다. 대부분 학생들이 학창시절 교내 단체 관람 혹은 가족과 관람 등을 통해 스포츠의 흥미에 흠뻑 젖어들게 되는데 체육관을 찾은 학생들 역시 단체 관람을 통해 고정적인 스포츠 팬으로서 하나의 고객으로 자리 잡는 모태가 된다. 대한민국 청소년들이 지나친 입시 경쟁에 매몰되어 있는 서글픈 현실에 스포츠 관람을 통해 정서적인 발전을 꾀한다면 학업보다 더 큰 발전을 꾀할 수 있다는 것이 필자가 강하게 가지고 있는 생각 중 하나다. 나란히 크리스마스 이브에 경기를 치르고 창원에 넘어온 두 팀은 1쿼터부터 엎치락뒤치락하는 경기 양상으로 장내 데시벨을 높였다. LG는 이재도가 내 외곽을 넘나들며 팀 에너지 레벨을 끌어올리는 데 주력했고, KCC는 이승현과 라건아의 보드 장악을 토대로 내 외곽 시너지 효과 창출에 나서며 맞불작전을 폈다. 두 팀 모두 이러한 패턴이 실효를 거두면서 전반 내내 팽팽한 힘겨루기를 거듭했고, 전반을 50:46, KCC의 4점 차 리드로 마무리되며 오리무중의 양상이 이어지는 듯했다. 그러나 3쿼터를 기점으로 경기 분위기는 KCC 쪽으로 점차 기울었다. KCC는 라건아와 이승현의 보드 장악과 함께 허웅, 김지완, 이근휘 등의 외곽포가 호조를 보이면서 LG의 방패를 균열시켰고, 세트 오펜스와 트랜지션 상황에서 득점 또한 적절하게 터져 나오며 리드를 쥐었다. 그에 반해 LG는 이재도와 김준일 정도를 제외하면 아셈 마레이, 이관희 등 나머지 선수들의 활약상이 부진함을 나타내며 공격의 무딤을 감추지 못했고, 이전 경기들과 달리 수비 로테이션과 공-수 밸런스도 깨진 모습을 나타내며 3쿼터부터 끌려가는 경기를 펼칠 수밖에 없었다. 전반까지 10점 내외로 점수 차가 유지되던 경기는 KCC의 폭발적인 화력과 함께 한때 20여 점 차까지 벌어졌고, 결국에는 101:85 16점 차 KCC의 승리로 종결됐다. 이날 승리와 함께 KCC는 최근 3연승을 구가하며 중위권 싸움의 닻을 더욱 점화시켰고, LG는 5연승의 상승세가 한풀 꺾이면서 2022년 마지막 홈경기의 진한 아쉬움을 삼켰다. 농구는 한 경기를 다 치르게 되면 소요 시간이 약 2시간에 이른다. 격렬한 몸싸움과 경기 템포의 묘미와 함께 작전타임, 파울 등에 의한 볼 데드 시간까지 합해서 나오는 것이다.

이날 경기 소요 시간은 대략 1시간 50분가량 됐다. 그러다 보니 이동을 위한 움직임이 분주했다. 그도 그럴 것이 경부선, 호남선과 달리 경전선 열차 노선은 운행 횟수가 턱없이 부족하고, 창원중앙역에서 서울역을 향하는 상행 열차의 막차 시간도 21시 20분이다. 아무리 창원종합운동장에서 창원중앙역까지 거리가 가깝다고 한들 열차 시간에 맞춰 몸을 싣기 위해서는 빠른 택시 승차가 시급했다. 참 아이러니하다. 창원종합운동장 사거리 택시 승강장이 별도 마련되어 있는데 아무래도 저녁 시간 유동인구가 많은 지역에 배차 및 승차가 집중되는 구조상 사거리 택시 승강장에 정차된 택시는 현저히 적을 수밖에 없다. 그래서 반송시장 부근에 택시 정차가 일부 있으리라 판단해 올라가서 택시 승차를 노렸고, 다행히 딱 맞게 택시 승차를 이룰 수 있었다. 나름대로 이전에 창원역 이동 과정에서 반송시장 부근 택시 승차를 이뤘던 것을 복기해 본 효과가 아닐까 생각된다. 택시로 이동한 이후 열차 시간에 맞춰 어렵지 않게 도착했고, 서울발 열차 탑승도 잘 진행됐다. 여러 가지 상황상 창원 주요 번화가인 상남동 일대를 비롯해 둘러보지 못한 곳이 많아 아쉬움은 있지만, 본래 아쉬움이 있어야 다음을 기약한다는 말처럼 그렇게 발걸음을 돌리게 됐다. 열차 탑승 이전 역사 내 도로가 좁은 고질적인 창원중앙역의 불편함에 의해 창원중앙역 환승시설 개선 사업과 관련된 공사 진행 안내 표지판을 보니 느낀 것이 있다. 항상 4차선 도로 중 한 곳만 창원중앙역으로 올 수 있는 불편함에 늘 길게 늘어선 택시와 자가용 승객 픽업 차량으로 늘 혼잡스럽기 짝이 없었는데 국토부 환승시설 개선 시범사업에 창원중앙역 환승시설 개선 사업이 선정되면서 국비 지원을 이루게 된 부분이 창원시민들과 창원을 찾는 이용객들에게 희망의 등불이 되리라는 기대가 커졌다. 택시 및 버스 승강장공사 진행이 한창 이뤄지고 있는 상황에 역세권 개발사업이 더 좋아지면 지금보다 창원중앙역을 찾는 효율성이 더해지는 것은 당연지사다. 시민들의 대중교통 및 기차 이용의 불편함은 곧 지역 방문을 주저하게 되는 요소가 되기도 하기에 더 그렇다. 이를 토대로 창원 시내는 물론, 외부에서 창원으로 방문하는 경로가 나아지길 바라는 바이다.

Adios 2022···. Welcome 2023!- 스토리 풍성했던 KCC 군산 시리즈

– 2022년 12월 29일, 2023년 1월 3일, 6일

2022년 마지막 주의 중반이다. 한 해 마무리하는 과정에서 나름 구상한 부분이 존재했다. 다름 아닌 코로나19 동절기 추가접종 이후 몸 컨디션이 문제가 없다면 전북 군산으로 향하는 대중교통 편에 몸을 실어보자는 것이다. 군산으로 향하는 목적은 딱 하나다. 바로 KCC의 연말–연초로 이어지는 홈 3경기가 군산에서 펼쳐지기 때문이다. 10개 구단 중 유일하게 제2 연고지로 전북 군산을 채택하고 있는 KCC의 이러한 노력은 개인적으로 상당히 좋다고 볼 수 있고, 모처럼 서해안의 정기를 버스나 열차 안에서 만끽할 수 있다는 부분 역시 매력 아닌 매력이라고 느낀다. 코로나19 백신 접종 부스터샷까지 다 접종한 상태에서 동절기 추가접종을 받는 것이 차후 감염병 예방에 있어 큰 플러스고, 전파 및 감염 우려에서도 한결 수월하다. 코로나19 백신 접종과 확진 등에 따른 후유증이 사람마다 천차만별인데 다행스럽게도 필자는 백신 접종 이후 뚜렷한 이상

증세가 없었다. 28일 추가접종을 받고 나서 당일은 무리하면 안 되기에 휴식을 거치면서 다음 날 상태를 나름 주시했고, 큰 이상 증세가 없어서 다음 날 바로 군산행을 결정했다. 이전까지 필자는 군산 방문 때 주로 열차를 많이 이용했다. 용산역에서 장항선 무궁화호가 군산까지 열차로 이동하는 직통 유일의 노선이고, 소요시간은 3시간 30여 분 된다. 장항선 무궁화호 안에서 나름 서해안 노선을 밟아보면서 서해안 절경을 감상하는 재미가 쏠쏠했는데 이번에는 방법을 한번 바꿔보기로 했다. 방법 변경은 다름 아닌 고속버스 탑승이다.

장항선 무궁화호에 비해 배차 횟수가 많을뿐더러 간격 역시 괜찮은 편이라 이용에 큰 불편이 없다. 맑은 하늘날 강남 센트럴시티 터미널은 매일 사람들로 북적인다. 센트럴시티 안에 복합상업건물로 신세계백화점, 이마트 등 대형 쇼핑몰이 들어선 데다 각종 다양한 식당가들 또한 잘 완비되면서 버스 이용객뿐만 아니라 일반 시민들의 이용 빈도도 제법 높다. 필자가 센트럴시티 터미널을 방문했을 때 변함없이 호남 지역으로 향하는 이용객들이 즐비했고, 연말-연초로 이어지는 날짜 절기 또한 북새통을 부채질하지 않나 생각된다. 드넓은 대합실에서 대기 시간을 거치고 군산발 버스에 몸을 실은 필자는 모처럼 서해안고속도로를 밟는 설렘이 가득했다. 본래 서해안이 겨울에 눈이 많이 오는 지역인데 겨울만 되면 눈으로 덮인 절경은 마치 외국 느낌을 절로 주게 만들고, 고속도로 풍경과 분위기 또한 겨울의 향기를 진하게 만들어준다. 고속버스 탑승 이후 서울톨게이트를 거쳐 천안-논산 고속도로로 정안휴게소까지 밟는 코스는 기존 호남선 노선과 크게 다르지 않아도 말이다. 아니나 다를까 서해안의 절경은 참 보기 좋다. 바깥 절경을 보면서 내면에 쌓여있는 스트레스를 잠시나마 내려놓고 자연과 호흡하는 게 그저 소중할 따름이다. 이 역시도 살아가는 발자취에 있어 하나의 안식처나 다름없으니까.

서해안 절경을 바라보며 2시간 30여 분을 달리다 보니 군산에 입성했다. 군산에 입성하면 시외버스와 일반 버스 모두 월명종합운동장을 지나게 되는데 KCC의 군산 시리즈 홍보 현수막과 걸개가 운동장 입구과 주변 걸려있는 것을 보니 비로소 군산에 왔구나 하는 것이 실감 난다. 전북대라는 대표 핫플레이스가 있으면서 지리적 접근성이 용이한 전주와 달리 군산은 터미널 도착 이후 택시로 이용하는 것이 가장 효율적이다. 물론 시내버스 운행은 이뤄지지만, 배차 간격이 전주에 비하면 길어 불편함이 많다. 그럼에도 팬심과 접근성은 완전히 반비례했다. 군산월명체육관까지는 택시로 약 8분가량 소요되는데 터미널 도착 이후 KCC 군산 시리즈를 보기 위해 서울은 물론, 가까운 전주, 익산 등지에서도 팬들의 발길이 이어지는 것을 보니 팬심은 접근의 불편함을 충분히 넘고도 남았다. 이달 중순과 크리스마스 연휴 전국을 뒤덮은 폭설의 눈덩이를 심하게 맞은 서해안의 기후 특성에 아직 도로 곳곳에 눈덩이가 존재했지만, 그래도 제설작업을 시와 도에서 잘 진행한 덕분에 도로 통행에는 문제될 것이 없었다. 택시로 약 8분여를 밟고 나니 군산월명체육관에 도착했고, 체육관 내부로 들어서니 벽면에 군산 체육의 업적을 기린 인물들을 액자로 하나하나 걸어놓은 것이 지역 차원에서 스포츠에 대한 인식이 제법 좋다는 것이 느껴졌고, 체육관 역시도 오래된 체육관의 특성상 이동 통로가 다소 좁은 옥에 티가 있음에도 외벽을 비롯해 각종 시설이 깔끔하다. 체육관 입구 위쪽 기둥에 군산시 상징 마크 표시 또한 독특하면서도 지역 아이덴티티 극대화를 잘 가져간 느낌이고, 매년 KCC의 제2 홈경기 군산 개최를 성공적으로 이끌어가는 군산시의 노력 역시 상생에 좋은 모델이 되고 있다.

KCC의 군산 시리즈 첫 일전은 대구 한국가스공사전이다. 3연승을 구가하는 KCC와 5연패의 늪에 빠진 한국가스공사의 흐름이 상극에 가까워도 연승과 연패 팀이 만났을 때 연패 팀이 연승 팀을 제물로 연패를 끊고 치고 오르는 경우가 비일비재하기에 승부의 향방을 가늠하기란 난센스에 가깝다. 이날은 승패를 떠나 관심을 끄는 요소가 하나 있었다. 다름 아닌 라건아의 통산 10,000득점 돌파 여부다. 2012-13 시즌 울산 현대모비스에 입단한 이후 강력한 피지컬과 지칠 줄 모르는 체력, 정확한 슈팅력 등을 통해 KBL 무대에서 경쟁력을 가꿔왔고, 2018년 특별귀화를 통해 대한민국 국적을 취득한 뒤에도 꾸준한 활약상을 잃지 않으며 소속팀과 국가대표에 큰 보물로 자리하고 있다. 미주리대를 졸업하고 프로 첫 행선지가 KBL이었던 라건아의 '코리안 드림'은 프로 초창기 퇴출 위기를 털고 자신의 영역을 착실하게 확장하면서 이뤄온 것이라 더 의미가 깊었다. 이날 한국가스공사 전까지 10,000득점 달성에 12점을 남겨놓고 있었던 라건아는 강력한 피지컬과 보드 장악 등을 토대로 경기 시작부터 좋은 활약상을 보여줬고, 2쿼터 종료 3분 35초 전 12득점 퍼즐을 끼워 맞추며 마침내 10,000득점 달성의 퍼즐을 끼워 맞췄다. 역사적인 순간에 경기를 잠시 중단시키고 대기록 달성 기념을 진행한 KBL의 품격에 대기록 달성을 축하하는 팬들의 박수 세례는 대기록의 가치를 더해주는 양념이었고, 라건아도 10,000득점 기념 볼에 사인하며 KBL 역사에 한 페이지 장식을 이뤘다. 라건아의 10,000득점 달성과 함께 두 팀의 경기는 4쿼터 막판까지 팽팽하게 전개됐다. KCC는 라건아의 보드 장악과 함께 이승현, 허웅, 정창영, 김지완 등이 내 외곽에서 활발한 공격력을 선보이며 한국가스공사 수비에 큰 피로감을 안겼고, 한국가스공사 역시 이대성과 이대헌, 샘조세프 벨란겔, 머피 할로웨이의 내 외곽 득점으로 KCC에 으름장을 놓으며 스릴을 더했다. 팽팽한 힘겨루기 속에 턴오버와 리바운드 등 기본적인 요소가 승부를 판가름하는 시점으로 향했고, 아니나 다를까 승부의 추는 기본적인 요소에 의해 갈렸다. 이러한 부분을 잘 이행한 팀은 KCC였다. KCC는 허웅과 정창영, 이승현이 막판 귀중한 득점을 연이어 성공시키며 분위기를 가져왔고, 수비에서도 상대 턴오버 유발, 리바운드 단속 등을 잘 가져가며 승리의 미소를 지었다.

2022년 마지막 홈 경기이자 군산 시리즈 첫 경기 승리로 장식한 KCC는 4연승과 함께 13승 13패로 5할 승률을 어렵사리 맞췄고, 한국가스공사는 또 한 번 4쿼터 집중력 부족에 발목이 잡히면서 6연패의 늪에 빠졌다. 전주와 달리 군산은 경기종료 이후 귀갓길이 난제라면 난제다. 이때 콜택시 대란이 빚어지게 된다. 심야 시간 택시대란이 대도시와 중소도시를 막론하고 전국적으로 굉장한 큰 이슈와도 같은데, 택시업체 공급과 수요 불균형 현상이 코로나19 발병과 함께 더욱 심화되며 시민들의 귀갓길에 불편함이 이만저만 아니다. 사실 연말연시이고 목요일이라 택시 배차만 오매불망 바라볼 우려가 컸다. 다행히 우려는 기우에 불과했다. 콜택시 연결 이후 바로 배차가 이뤄지면서 숨통이 트였고, 군산시외버스터미널로 이동도 속전속결로 진행됐다. 심야 시간에 서울로 이동하기 위해서는 시외버스터미널 바로 옆에 위치한 고속버스터미널에서 심야프리미엄 버스를 타야하는데 KCC 군산 홈 경기를 찾은 팬들과 군산 투어를 거친 시민들의 승차 예매가 빠르게 진행되면서 시외버스터미널에서 익산역까지가는 시외버스를 타는 상황이 됐다. 군산에서 익산까지 거리는 30여분에 불과하고, 익산역을 향하는 시외버스 역시 상시 운행되고 있어차선책으로는 나쁘지 않은 코스이기도 하다. 30여 분의 운행을 거쳐익산역에서 입성한 뒤 바로 용산발 KTX 열차에 몸을 실으면서 나름 귀갓길에 대한 우려는 덜어낼 수 있었고, 자정이 넘은 시간 용산역에 도착하면서 다음을 기약하게 됐다.

다사다난했던 한 해가 저물어가고 어느새 2023년 '계묘년'이 밝았다. 모든 현대인이 새해 소망 성취, 무사무탈 등을 기원하면서 새해 시작을 열어젖히듯 필자 또한 새해 무사무탈 등을 바라보며 새해 구상을 나름 꾀하는 데 마음속으로 역점을 뒀다. 새해 시작되고 사흘이 흘렀다. 새해 시작부터 매서운 추위와 칼바람은 여전히 진행형이었고, 체감 온도 또한 영하권이 줄곧 유지됐다. 지난 연말과 마찬가지로 필자는 어김없이 군산발 버스에 몸을 실었다. KCC의 군산 시리즈 2번째 날이기도 하다. 서해안고속도로를 밟고 2시간 20여 분의 운행 시간을 거치니 바깥의 차가운 공기가 서해안 겨울 절경을 더욱 멋들어지게 했고, 마치 외국 도로를 밟고 있다는 느낌을 주기에도 충분했다. 도착과 함께 군산시외버스터미널 부근에서 된장찌개로 끼니를 채웠다. 본래 추운 날 뜨거운 국물요리가 진리라고 하지 않는가? 구수한 된장 국물에 밥 두 끼를 가뿐히 해치우니 허기진 배도 한결 든든해졌고, 터미널 부근 편의점과 제과점 등에서 후식거리 구매도 넉넉하게 하면서 출출함을 달래려고 했다. 그러다 보니 짧게나마 터미널 한 바퀴를 돌게 됐고, 이를 토대로 군산월명체육관까지 택시 입성했다.

이날 군산 시리즈 2번째는 KCC와 캐롯의 4라운드 첫 경기다. '농구영신' DB 원정 패배로 4연승의 기세가 한풀 꺾인 KCC와 어느새 4연패의 늪에 빠진 캐롯 모두 4라운드 첫 경기가 반환점을 돈 시점에 순위 전선의 승부처 중 하나라는데 이의를 달 수 없다. 이날은 특별한 면이 존재했다. 다름 아닌 KCC가 매년 군산 제2 연고지 개최를 통해 지역 농구 꿈나무들에 장학금 기증 및 용품 증정 등을 진행하는 레퍼토리다. 꿈과 자아실현에 있어 누군가를 보고 동기부여를 얻는 것은 어떻게 보면 좋은 현상이다. 특히나 감정 변화의 폭이 큰 청소년 연령대라면 더 그렇다. 누군가를 바라보면서 각자 '~처럼 되겠다'는 포부를 가지게끔 만들기까지 시간 소요가 천차만별일 수 있는데, 가까이서 동경의 대상을 우러러보고 꿈과 자아실현을 추구하는 노력은 많이 행해지는 방법과도 같다. 이날 경기 전 장학금과 용품을 지급받은 군산서해초, 군산중, 군산고 농구부 선수들에게 잊지 못할 추억 장만은 물론, 각자 농구선수로서 더 정진하려는 동기부여 확립에 좋은 효과와 같은 것도 이 때문이다. 갈수록 지방과 수도권의 빈부격차가 심화되는 현실이 스포츠라고 예외가 될 수 없는데 지방 중 소도시의 어려운 환경 속에서도 선수와 팀의 발전을 위해 노력을 아끼지 않는 땀방울은 분명 훗날 소중한 씨앗이 될 수 있다.

이날 가장 활약상에 궁금증이 커진 이가 따로 있었으니 다름 아닌 캐롯 2년 차 가드 이정현이다. 올 시즌 김승기 감독의 조련 속에 기량이 부쩍 만개한 이정현의 출신지가 다름 아닌 전북 군산이다. 군산서해초-군산중-군산고-연세대를 거치면서 군산월명체육관의 낯이 익었고, KCC 유소년 농구교실을 통해 농구에 입문한 이정현의 프로 첫 군산 방문이라는 점도 상당히 흥미로웠다. 대개 운동선수들이 고향 땅에서 경기를 하게 되면 가족과 지인 등이 많이 찾게 되고, 제2 연고지의 경우 프로 경기 개최가 소수에 불과하기에 지역 내 운동부 선수들이 제2 연고지 출신 선수가 프로 입성하고 그 지역을 방문할 때 출신 프로 선수들을 보고 학습효과를 얻는다는 부분도 결코 무시할 수 없다. 자연스럽게 이정현이 군산 방문길에 어떤 활약을 보여줄지 궁금증이 증폭되는 바였다. 이러한 기대에 이정현은 고향에서 좋은 활약상으로 화답했다. 정확한 외곽슛을 통해 전성현과 함께 캐롯 특유의 '양궁농구'를 지휘했고, 날카로운 패스웍으로 디드릭 로슨, 전성현 등 동료 선수들의 찬스를 살피는 역할도 나쁘지 않았다. 상대 타이트한 압박에 4쿼터 침묵을 지킨 것은 아쉬움으로 남지만, 공격력의 강점은 십분 발휘하며 고향 땅에서 많은 관심 속에 제 몫을 다했다. 이러한 이정현의 활약상에도 승리의 추는 KCC를 향했다. KCC는 이승현이 공-수 양면에서 영양가 높은 활약을 선보인 것은 물론, 라건아와 허웅 등의 지원 사격이 적절히 이뤄졌고, 리바운드의 우위를 토대로 수비에서도 상대 외곽슛을 효과적으로 제어했다. 그렇게 해서 KCC는 79:72, 7점 차 승리를 완성했다. 캐롯은 전성현과 이정현, 디드릭 로슨의 고군분투에도 저조한 외곽슛 성공률과 페인트존 열세 등에 발목이 잡히면서 시즌 첫 5연패의 늪에 빠졌다. 이날 승리와 함께 KCC는 14승 14패로 다시금 5할 승률을 맞추면서 단독 5위로 올라섰고, 캐롯은 시즌 첫 5연패와 함께 순위도 공동 5위에서 6위로 한 계단 밀려나게 됐다.

군산 지역 농구 꿈나무들의 장학금 기탁 및 용품 증정과 함께 이날은 필자가 느끼기에 특별한 면이 하나 존재했다. 군산과 인접 지역인 충남 서천 지역 학생들이 농구장을 단체 관람으로 오게 된 것이다. 군 단위 지역의 특성상 스포츠 단체 관람을 접할 수 있는 기회가 많지 않을뿐더러 스포츠 관람과 같은 문화생활 향유를 위한 상업적인 기반도 도시들에 비하면 열악하다. 즐기기 위해서는 차량으로 1~2시간 이동해야 하는 지리적 불편함 역시 함께 발목을 잡는다고도 볼 수 있다. 인구 소멸의 위기가 점점 가속화되고 있는 현실에 중·소도시 및 군 단위 읍면 지역 학생들이 성장기에 다양한 체험 활동을 할 수 있는 여건이 미흡한 부분도 안타깝기만 하다. 그런 면에서 서천 지역 학생들의 군산 KCC 시리즈 관람은 소중한 추억이라고 볼 수 있다. 농구의 묘미를 직접 체감하면서 관중들과 함께 호흡하는 부분은 향후 농구팬으로서 자리매김할 수 있는 여력이 충분하고, 농구라는 콘텐츠에 있어 청소년을 잠정적인 고객으로 확보하면서 팬층을 넓혀가는 등 일거양득의 효과도 크다. 학생들이 KCC 득점에 뜨거운 환호성을 지르는 것을 보니 지나치다 못해 기형적인 학업 몰두의 극심한 스트레스를 해소하는 모습이라 마음 한 켠이 흡족할 따름이고, 청소년기에 심신의 안정을 도모할 수 있는 안식처를 농구장으로 장만하는 것 역시 성인으로 성장하는 데 있어 정서 발달, 가치관 확립 등에 좋게 작용한다는 것을 부정할 수 없다. 개인적인 관점에서 볼 때 KCC의 군산 시리즈가 호남 지역을 넘어 서해안 인근 지역까지 순기능을 안겨다 줬다는 평가를 매기고 싶다.

흥미진진한 레이스를 뒤로하고 군산시외버스터미널로 이동해 서울

발 버스에 몸을 싣기 위해 바삐 움직였다. 전주와 달리 군산은 22시 심야프리미엄 버스가 막차라 원활한 이동을 위해서는 한시가 급했다. 새만금콜택시를 이용해 콜 배차 시도하면서 움직이는 것이 가장 최선의 방법이었고, 대부분 군산시외버스터미널 혹은 고속버스터미널 이동을 위한 콜택시 배차 시도에 경쟁 아닌 경쟁도 붙었다. 다행히 배차 시도와 함께 배차가 성공적으로 이뤄지면서 택시 탑승을 이뤘고, 터미널까지 약 8분여 운행을 거치고 버스 승차 대기를 기다렸다. 항상 고속버스를 이용하면 일반 혹은 우등 코스를 주로 선호하는데, 배차 편성이 편성인지라 본의 아니게 심야프리미엄 버스를 이용하게 됐다. 본래 오랜만에 무엇을 할 때 그 쾌감이 길게 가는 법이다. 모처럼 심야프리미엄 버스를 이용하니 편안함이 그대로 묻어났다. 의자를 뒤로 젖히니 말 그대로 큰 대(大) 자로 누워있는 듯한 느낌을 줬고, 전 좌석에 휴대폰 충전기까지 비치된 부분도 승객들의 편안함을 최대한 고려한 부분이라고 본다. 그렇게 심야프리미엄 버스를 타고 서해안고속도로를 쭉 내달리니 심야 고속도로의 야경과 멋은 진했고, 새해 시작과 함께 이를 보니 감성미는 더욱 남다르게 다가오는 것 같다. 서해안고속도로를 거쳐 정안휴게소에 잠시 정차한 뒤 천안-논산 고속도로를 통해 서울까지 쭉 내달렸고, 약 2시간 15분 운행 끝에 센트럴시티 터미널로 입성했다. 코로나19 발발과 함께 심야 지하철 감축 운행으로 귀갓길 대란이 일어났던 시기에 비하면 확실히 자정 넘어서 도착해도 귀갓길에 대한 걱정은 없었다. 지난해

6월 7일부로 서울 지하철 2호선과 서울도시철도 5~8호선 운행이 코로나19 이전으로 회귀된 것이 많은 시민의 숨통을 트이게 해준 것이다. 필자 또한 대중교통을 이용해 외부로 이동하고 나서 서울로 입성할 때 귀갓길 시간 맞추는 부분에 머리를 쥐어짠 적이 한두 번이 아니었는데, 도착 시간에 막차 운행이 남아있어 편안하게 귀갓길에 오를 수 있었다. 그렇게 해서 2번째 군산 시리즈도 나름대로 즐거움을 안고 마무리하기에 이르렀다.

2번째 군산 시리즈의 진한 여운을 뒤로한 채 사흘의 시간이 흘렀다. 사흘의 시간이 지난 6일은 군산 시리즈의 마지막 날이다. 마침 새해 첫 주말과 맞물려있어 외부로 나들이를 떠나려는 시민들의 모습도 터미널에 심심찮게 볼 수 있었고, 바깥 하늘도 맑게 펼쳐지며 새해 첫 주말을 기분 좋게 맞기 위한 하나의 징조가 되는 기운이다. 앞서 2차례와 마찬가지로 이날 역시 고속버스를 이용해 군산발 버스에 몸을 실었고, 바깥의 차가운 공기와 고속버스 내부 따뜻함이 절묘한 하모니를 이루면서 약 2시간 15분의 운행 시간을 편하게 맞이할 수 있었다. 그렇게 해서 군산까지 도착도 순조로웠고, 터미널 인근에서 식사를 해결하고 군산월명체육관으로 이동했다. 군산 시리즈의 마지막 매치업은 KCC와 SK의 일전이다. KCC는 3라운드 중반을 기점으로 팀 전열이 제 궤도에 오르면서 경기력 또한 동반 상승을 이루고 있고, SK는 최준용의 부상 컴백과 최성원의 상무 제대를 기점으로 특유의 빠른 농구가 위력을 찾으면서 강팀의 진면목이 서서히 깨어나는 중이다. 시즌 상대 전적은 SK가 2승 1패로 우위를 점하고 있지만, KCC가 지난 3라운드 매치업 당시 접전 끝에 88:83, 5점 차 승리를 이뤄낸 터라 또 한 번 대혈전을 기대케 하기에 충분하다.

군산 시리즈 마지막을 맞아 이날도 체육관에 많은 관중이 운집했고, 많은 관중의 기대에 화답이라도 하듯 두 팀은 엎치락뒤치락하는 경기 양상으로 시리즈 마지막의 필름 장만에 모든 퍼포먼스를 아끼지 않았다. 특히 전반 종료와 동시에 터진 허웅의 버저비터는 체육관 전체를 열광의 도가니로 내몰았고, 뛰어난 스타성을 갖춘 허웅의 한방에 여성팬들의 환호성은 체육관을 쩌렁쩌렁 울리게 만들었다. 전반은 46:43, KCC의 3점 차 리드로 마무리됐고, 후반 경기 양상에 대한 궁금증은 더욱 커졌다. 팽팽하던 두 팀 경기의 추는 후반 시작과 함께 급변했다. 다름 아닌 SK 특유의 빠른 농구의 위력이 KCC 수비를 완전히 파괴하면서 허물어진 것. SK는 김선형과 자밀 워니의 '원-투 펀치'가 환상적인 콤비네이션으로 KCC 수비를 휘저으며 리드를 가져왔고, 리바운드에 이은 속공과 함께 허일영과 최준용의 외곽 지원까지 곁들여지며 특유의 빠른 농구라는 색채 또한 진하게 물들여졌다. 수비에서도 상대 허웅과 이승현의 움직임을 적절히 틀어막으며 KCC 공격을 무력화시켰고, 수비에서 선수들 간 커뮤니케이션 역시 원활함을 더했다. 결국, SK가 78:70, 8점 차 승리를 거두면서 4연승의 휘파람을 불었고, 17승 12패로 단독 3위까지 치고 오르며

KGC인삼공사, LG의 대항마로서 눈도장도 확실하게 찍었다. KCC는 라건아와 이승현, 허웅의 고군분투함에도 후반 SK의 빠른 농구 제어에 실패하면서 지난 3일 캐롯 전 승리의 기세가 한풀 꺾였다.

군산 시리즈를 3번 모두 지켜보면서 좋은 면도 많았지만, 반대로 안타까운 면도 많았다. 다름 아닌 군산이라는 지역이 너무나 침체됐다는 것이다. 서해안의 좋은 기운과 공기를 가지고 있지만, GM공장이 폐쇄되면서 지역 경제가 침체된 여파가 암울한 나날의 반복을 부채질하고 있는 것이 그저 안타까울 따름이다. GM공장과 현대중공업 등이 사실 군산의 지역 경제를 이끄는 기둥이라고 해도 과언이 아니었는데 상업, 산업적인 기반이 무너지면서 인구 감소, 식당 폐업 등 악순환이 거듭되는 결과를 낳았다. 이뿐만 아니라 지역을 찾는 관문이라고 볼 수 있는 터미널마저 노후되면서 시민들과 이용객들의 불편함이 매년 심화되고 있고, 기차역 또한 도심과는 다소 떨어진 지역에 위치하면서 주변 상권과 편의시설 등도 미흡하다. 이 부분만 놓고 보면 전주, 익산과 함께 전북을 대표하는 도시라고는 어울리지 않는 민낯이라고 해도 과언이 아니다. 항상 어느 지역을 방문할 때 노후된 시설이나 기반 등을 보면 지자체에서 머리를 맞대고 개선하려는 노력의 메시지를 시민들에게 보여줄 필요성이 크다는 것을 늘 느끼고 있고, 지역 내 수장과 국회의원 등 위정자들이 말이 아닌 행동으로 시민들의 불편 사항을 개선해야 지역의 이미지 제고와 신뢰도 형성 등에도 고스란히 영향을 미친다. 필자도 이러한 면에서 안타까움을 간직한 채 다음을 기약하게 됐고, 새해 첫 주말과 맞물린 탓에 터미널에서 익산역까지 가는 버스를 통해 군산 시리즈 방문의 종지부를 찍었다.

대전에서
대구

- 2023년 1월 7일 새해 첫 토요일

볼거리가 풍성했던 군산 시리즈를 뒤로하고 익산 역에서 서대전역을 거치는 열차를 통해 대전에서 하룻밤을 묵으면서 새해 첫 주말도 함께 찾아왔다. 매년 새해 시작될 때마다 느끼지만, 벌써 새해 첫 주 한 주가 흘렀구나 하는 것이 이번 2023년 '계묘년'에도 예외 없이 이어졌다. 서대전역 인근에 하룻밤을 묵고 나서 주변 도로를 걸으니 새해 첫 주말부터 많은 시민이 저마다 각기 다른 이유로 부산하게 움직였고, 필자 역시 충남대 병원 인근 쉼터를 걸으면서 자연을 만끽했다. 쉼터를 걷다 보니 나름의 2023년 구상을 그려갈 수 있는 시간을 마련한 것 같아 흡족함이 컸다. 또, 쉼터 나들이를 오면서 심신의 안정을 꾀하는 시민들의 모습도 많았고, 주말의 기분도 나름 느낄 수 있었다. 짧다면 짧고 길다면 길다고 여겨질 수 있는 시간 동안 도심 한복판을 걸으면서 내면의 여유를 찾는 시간을 조금이나마 마련한다면 현대인들의 만병 근원인 스트레스 지수 관리에도 좋은 영향을 주리라 기대하는 바이다.

 서대전역은 호남선을 가로지르는 열차역이라 경부선인 대구발 열차를 타려면 대전역으로 이동해야 한다. 서대전역에서 대전역까지 거리는 멀지 않은 편이다. 시내버스로 세 정거장가량만 지나면 대전역 인근에 정차되는 데다 서대전네거리역 지하철로 대전역까지 이동하는 경로도 제법 괜찮다. 두 가지 경로 중 필자는 시내버스로 이동하는 방향을 택했다. 열차 탑승까지 시간이 남은 관계로 대전의 주요 핫플레이스 중 하나인 은행동 로데오거리부터 중앙시장까지 잠시 활보했다. 오전 시간임에도 시장통에는 다양한 먹거리와 식자재 구매 등을 위해 찾은 행인들이 즐비했고, 상호 곳곳에서 풍겨오는 먹거리 냄새는 입가에 군침을 절로 돋구게 했다. 진짜 고문과도 같은 시장 먹거리의 진한 냄새에 시장을 방문할 때마다 고민에 빠진다는 얘기가 괜히 나온 것이 아닌 듯하다. 사람이 하루하루 보내다 보면 딜레마에 빠지는 경우가 종종 있는데, 진짜 뭐 먹고 싶기는 한데 막상 먹으려니 망설여지는 것도 현대인들의 소소한 딜레마 야기 요소 중 하나가 아닐까. 갖은 냄새의 유혹을 뒤로하고 목천교 다리를 지나 은행동 로데오거리를 활보하게 됐고, 거리에 딱 들어서니 오전 시간임에도 대전 대표 랜드마크 중 하나인 성심당과 주변 식당가 등을 방문하기 위해 발걸음에 나선 시민들이 제법 존재했다. 아무래도 새해 첫 주말 날씨가 화창함을 이루면서 바깥나들이를 하기에 좋은 날이었던 것이 영향을 준 것 같다. 항상 은행동 로데오거리 성심당은 오픈하자마자 사람들로 북적인다. 그래서 웨이팅을 하다가 시간이 허비될 것 같아 주변 이디야 커피에서 커피와 차를 한 잔씩 먹고 육첩반상에서 끼니를 채웠다. 최근 혼밥, 혼술족이 늘어나면서 자연스럽게 1인 식사를 위한 메뉴 개발이 프랜차이즈 음식점과 가맹점 등에서 분주하게 이뤄지고 있는데, 고물가 시대에 최저가로 고기 한 상을 양껏 먹을 수 있다는 것에 이러한 변화가 확 와 닿았다. 고기 한 상에 뜨끈한 된장국, 각종 야채 등이 어우러진 메뉴는 육식 러버인 필자에게도 너무나 좋았고, 필자뿐만 아니라 많은 소비자로 하여금 방문의 욕구까지 불러일으킬 수 있는 여건과 메뉴 등 필요충분조건도 다 갖췄다고 자부한다. 그렇게 해서 다시 대전역으로 도보 이동했고, 주말을 맞아 열차 이용객들로 역은 인산인해를 이뤘다.

북적북적이던 열차 안에 필자의 눈에 들어온 것이 존재했다. 다름 아닌 성심당 2호점의 존재다. 은행동에 있는 본점과 달리 2호점은 역사 안에 있어 공간이 다소 협소하지만, 본점을 방문하지 못한 아쉬움을 소비자들이 풀기에는 제격이었다. 최근 많은 신조어가 각계각층에서 난무하는 시대에 빵을 좋아하는 이들에게 붙인 신조어가 바로 '빵지순례'인데 전국 유명 빵집을 방문해서 제품 촬영, 빵 섭취 인증 등을 SNS에 게시하면서 소소한 일상을 각자 지인들과 공유하는 것이 유행의 등불처럼 번지고 있다. 이러한 현대인들의 SNS 게시는 제품의 구매 욕구를 불러일으키는 것뿐만 아니라 상호 홍보 효과도 극대화하는 일거양득을 누리게 하고, 지역 내 유명 상호 방문을 토대로 대표 명물의 이미지 제고와 품질 향상까지 바라보게 한다. 그리하여 필자는 성심당 2호점 방문과 함께 고추장소세지빵, 튀김소보루 등 성심당의 주요 제품을 구매하면서 입맛 충족을 도모했고, 모처럼 먹으니 그 맛도 진국이었다. 확실히 쉽게 먹을 수 있고 구매까지 이뤄지는 것이 아닌 대전 로컬 제품으로서 색다른 맛을 느끼고 음미했다는 자체가 너무나 황홀하다. 더군다나 로컬 제품은 그 지역에서만 맛볼 수 있는 것이기에 한 번 느껴본 맛은 잊지 못할 추억으로 일상의 한 페이지를 기분 좋게 장식하게 됐다. 필자뿐만 아니라 많은 여행객이 각 지역의 대표 상품 및 특산품 등을 맛보고 또 구매하는 쏠쏠한 재미를 느끼면서 여행 지역에 대한 이미지를 각자 확립하는데 좋은 디딤돌이 되리라 본다.

성심당 2호점 방문의 진한 여운을 뒤로하고 동대구발 KTX 열차에 몸을 실었다. 대전역에서 동대구역까지 KTX 운행 시간은 약 40여 분. 눈 깜짝할 사이에 지나는 시간이지만, 철로를 따라 운행하다 보면 경부고속도로가 쫙 펼쳐지면서 김천종합운동장을 비롯한 스포츠타운이 보이니 바깥 풍경도 추위를 잊게 한다. 주말을 맞아 열차에는 휴가를 맞아 고향 땅에 몸을 실은 국군 장병뿐만 아니라 가족, 연인 등 다양한 관계로 맺어진 이들로 좌석이 가득 찼고, 객실 짐칸에 캐리어와 각종 물품 등이 꽉 메운 것을 보니 새해 첫 주말의 분위기가 물씬 풍긴다. 철로로 경부고속도로를 지나니 대구 땅이 서서히 가까워졌고, 40여 분간 운행 시간 끝에 동대구역에 도착했다.

동대구역 도착과 함께 행선지는 대구실내체육관이다. 옛 경북도청 (현 대구광역시청 산격청사) 뒤편 바로 옆에 있는 대구실내체육관은 경북대 캠퍼스와 근거리라 근처 대중교통 코스는 제법 괜찮다고 느낀다. 버스를 이용하게 되면 여러 곳을 순환해서 대구실내체육관 인근까지 거쳐야 하는 탓에 시간이 다소 소요되는 부분은 존재하지만, 한동안 잠잠하던 대구실내체육관 부근에 겨울철 농구가 부활한 자체만으로도 지역 상인들과 주민 등에 하나의 위안이 되기에 충분하다. 대구 구도심에 위치한 대구 북구의 지리적 위치를 감안하면 대한민국 대표 국립대 중 하나인 경북대 캠퍼스의 젊음과 대구실내체육관에서 펼쳐지는 농구의 재미는 정말로 멋진 하모니가 아닐까 생각된다. 20대 젊은 층들을 타깃층으로 삼으면서 대구 농구팬들과 스킨십을 적극적으로 가져가는 방향을 꾀하는 것도 중 장기적으로 충분히 고려할 수 있는 부분이기에 그렇다.

　동대구역 하차와 함께 택시를 이용해 대구실내체육관 인근에 입성한 필자는 예매 표 현장 발권과 함께 출출해진 배를 채우기 위해 혈안이 됐다. 브런치를 먹은 지 불과 몇 시간이 지나지 않았음에도 유달리 허기진 날이었던 모양이다. 그래서 재빨리 체육관 앞 식당으로 자리를 옮겼다. 식당에 딱 들어서니 TV에 농구 중계가 켜져있는 것이 너무나 반가웠고, 식사를 하면서 농구 중계를 시청하고 체육관으로 이동하면 딱이겠다고 생각했다. 브런치로 충분한 식사량을 섭취하고도 허기짐이 유달리 더했던 날이라 고등어구이에 밥 두 공기를 가뿐히 해치웠다. 일반 백반집은 메뉴 주문 시 밑반찬이 육해공 가리지 않고 고르게 나와서 소주 한잔을 하기에도 딱 좋고, 식사량도 푸짐하게 나와서 가성비 또한 만점이다. 식사를 한창 하던 도중 서울 삼성 선수단 버스가 체육관 언덕에 진입했고, 선수들의 사인을 받기 위해 버스 앞 진을 치고 있는 팬들의 모습도 하나둘 늘어나기 시작했다. 과거와 달리 스포츠를 좋아하는 연령대와 성별, 단위 등이 한층 다양해진 부분은 오늘날 스포츠가 주는 순기능 중 하나라고 해도 과언이 아니고, 팬과 선수 간의 소통, 팬덤 형성 등 부수적으로 얻는 효과 또한 엄청나다. 또 체육관에 들어서기 전 기다려준 팬들을 위해 사인과 사진 등을 아낌없이 해주는 부분은 프로 선수, 즉 공인으로서 품위 유지와 팬 서비스 등에서도 좋은 모습이라고 여겨지고, 하나의 동기부여이자 에너지 원천으로도 손색없다. 고등어구이와 공깃밥 두 공기로 배를 채운 이후 바로 옆 CU 편의점에서 빵과 음료수 등 간식거리를 구매하면서 식사 이후 공허함을 채웠고, 입장 출입구를 지나 마침내 체육관에 들어섰다.

2011년 오리온스(캐롯의 전신)가 대구에서 고양으로 연고지 이전 야반도주를 하면서 10년간 대구에 농구 맥이 끊겼다가 2021년 한국가스공사가 전자랜드 농구단을 인수하면서 대구에 10년 만에 농구가 부활했는데, 지난 시즌과 달리 눈에 띈 점이 있었다. 바로 체육관 바닥이 빨간색에서 파란색으로 바뀐 것이다. 한국가스공사의 기업 로고가 마침 파란색인 데다 대구의 지역 색상 역시 파란색이라 뭔가 어울리지 않는 옷을 입은 느낌이 지난 시즌에는 짙었다. 또, 대구 프로스 포츠 연고팀인 프로야구 삼성라이온즈와 프로축구 대구FC 역시 파란 색 유니폼을 고유 색상으로 띄고 있는 터라 색상의 통일성과 일체감 형성 등에서도 다소 엇나가는 면이 짙었다. 지역 연고팬 입장에서는 프로스포츠 연고팀 유니폼 색상의 통일화가 지역 연고에 대한 인식 확립에 있어 영향을 줄 수 있는 요소임이 분명하다. 더군다나 대구 지 역 농구팬들은 오리온스 농구단의 연고지 야반도주 이후 한동안 농 구를 접하기 어려운 여건이었기에 더 그렇다. 대구실내체육관은 시설 의 노후화의 영향으로 인해 MD 샵 운영 공간이 좁지만, 한국가스공 사 페가수스의 바뀐 색상 유니폼 및 굿즈 구매 등으로 인산인해를 이 루는 모습을 보니 대구 지역 농구팬들의 성원과 열정은 여느 지역에 못지않다는 인상을 확실하게 받았다. 과거 오리온스 시절 1998-99 시즌 32연패의 흑역사에도 꿋꿋하게 성원과 응원 등을 보내온 팬들의 열정과 지지도에 전자랜드 시절부터 '감동랜드'를 쭉 지탱해 온 골수팬 들의 팬덤 흡수가 조화를 이룬다면 팬 프렌들리 정책 확립 등에 있어 서도 좋은 시너지 효과 창출을 기대케 하는 상상을 그려본다.

새해 첫 홈경기를 맞이한 대구 한국가스공사와 7연패의 깊은 나락 에 빠져있는 서울 삼성의 매치업이다. 두 팀의 매치업 전적은 2승 1 패로 한국가스공사가 우위를 점하고 있는데 공교롭게도 서로의 홈 에서 승리의 미소를 지은 터라 이번 매치업에서도 이러한 상성이 고 수될지가 또 다른 포인트였다. 두 팀 모두 1승이 급한 만큼 4쿼터까지 물고 물리는 혈전을 거듭했지만, 막판 집중력에서 한국가스공사가 앞서면서 83:77, 6점 차 승리의 미소를 지었다. 한국가스공사는 이날 에이스 이대성의 슛 컨디션이 평소보다 좋지 못한 상황이었음에도 이대헌과 머피 할로웨이, 차바위, 우동현 등이 공-수 양면에서 쏠쏠한 활약상을 선보이며 팀 플랜에 힘을 보탰고, 2020-21 시즌 막판 대체 외국인 선수로 합류해 좋은 활약상을 보여줬던 데본 스캇이 가성비 높은 활약상을 토대로 에너지를 생성시키며 새로운 조합 추구에 기대감을 높였다. 삼성은 팀플레이의 활발함을 토대로 이원석, 이매뉴얼 테리 등의 보드 장악이 좋은 모습을 보이면서 연패 탈출에 대한 열망을 불태웠지만, 자유투 저조와 막판 집중력 부족 등에 발목이 잡히면서 또 한 번 패배의 쓴잔을 들이켰다.

치열했던 혈전을 뒤로하고 필자는 대구 시내버스를 이용해 지하철 환승을 거쳤다. 체육관에서 나오면 바로 버스 정류장이 나오는데, 대구 시내버스를 모처럼 이용해 보니 나름 승차감을 느낄 수 있어서 좋았고, 하차와 함께 대구 대표 번화가인 동성로 부근을 조금이나마 육안으로 확인한 부분 역시 다음 대구 방문 시 한 번 찾으려는 생각을 더욱 갖게 해줬다. 이렇게 진한 여운을 뒤로하고 동대구역에 입성했다. 저녁이 지난 시각이지만, 동대구역 역사 안 식당가와 옆 신세계백화점 부근 등에는 가족과 지인, 연인 등이 새해 첫 주말 저녁을 나름 쏠쏠하게 만끽하는 이들이 가득했다. 새해 첫 주말 식사를 하거나 옷을 구매하거나 등의 각기 다른 소비 욕구를 가지고 관계를 발전시키면서 정서적 안정감을 도모하는 부분은 현대인들의 삶에 있어 긍정적인 면이 많다. 가족 단위는 가족 간 연대감 형성과 소통 증가 등의 효과가 있고, 지인과 연인 등의 단위는 서로를 더 알아가는 시간 확보 등에서 효과를 얻는다. 다양한 요인과 이유 등으로 형성된 스트레스로 얼룩진 게 숙명과도 같지만, 새해 첫 주말부터 나들이 코스를 식사, 각종 소비 등으로 진행하는 모습은 소소한 행복이 아닐까.

동대구역 승강장으로 들어서니 SRT와 KTX 열차를 이용해 상·하행길에 오르는 이들로 가득했다. 그런데 귀갓길에 오르니 짠하고 안타까웠다. 다름 아닌 삼성 선수단이 이튿날 홈 KCC전을 위해 열차에 오른 것이다. 대개 농구팀들은 백투백 일정을 수도권과 지방으로 소화하게 되면 체력적인 피로도를 감안해 열차로 다음 결전지에 입성하는데, 삼성 역시도 일정 효율을 위해 열차로 이튿날 홈경기를 대비하는 듯하다. 지난 2021-22 시즌에 이어 2년 연속 대구 원정 전패에 최근 8연패의 깊은 수렁까지 선수단의 안색은 밝을 순 없다. 현대인들이 계속된 실패에 깊은 좌절과 무기력증 등에 허덕이곤 하는데 프로스포츠 팀과 선수들에게 연패는 패배의식 심화, 자신감 결여 등의 역기능을 잔뜩 초래한다. 연패를 당하는 팀들의 경우 리드하고 있어도 되려 쫓기는 모습들을 많이 노출하고, 심리적인 조급증에 사로잡혀 에러가 빈번하게 속출된다. 이뿐만 아니라 한 번 무너지면 걷잡을 수 없이 무너지는 경우가 허다하고, 의욕이 저하되면서 동기부여마저 결여되는 현상을 불러오기도 한다. 이러한 심리적인 불안감은 상대에 틈새를 허용하는 빌미를 제공하는 격이고, 연패팀들에게 공통적으로 마치 전염병처럼 전파된다. 삼성의 연패 과정도 그렇다. 경기를 잘 풀다가 막판 집중력 부족으로 패한 경기가 쌓인 것이 주요인이 됐고, 팀 분위기마저 가라앉는 결과로 다가오게 됐다.

　이러한 연패의 전형적인 특성은 현대인들에게도 고스란히 적용된다. 계속된 실패에 대인기피증과 우울증 심화로 삶의 의욕이 저하되는 이들이 사회 전반적으로 허다하게 분포되어 있고, 심리적인 위축과 자신감 결여 등으로 두려움, 불안, 공포 등에 사로잡히는 부작용도 엄청나다. 그러나 계속된 실패에도 너무 좌절하지는 않았으면 한다. 어차피 인생은 마라톤과도 같은 것이기에 실패 또한 좋아지는 과정의 일부이고, 심리적인 조급증이 아닌 자신감과 의욕 등을 가지고 사소한 것부터 잘 설계를 가져가면 언젠가는 좋은 상황이 연출된다. 프로스포츠 팀과 선수들도 연패가 길어진다고 해서 시즌이 끝나는 것이 아니고 운동이 계속 이어지는 것이기에 최고의 고객인 팬을 위해서, 각자 명예와 상품 가치 등을 위해서 정진하다 보면 좋아지는 모습이 분명 나온다. 과거 KBS 2TV 『해피선데이-남자의 자격』에서 개그맨 김국진이 대학생들을 대상으로 강연을 진행할 때 대사가 떠오른다. "인생은 오르막이 있으면 내리막이 있는 것"이라고. 그렇기에 너무 하나에 일희일비할 필요는 없다는 것이다.

레전드의
감독대행 귀환

– 2023년 1월 17일 원주

　　　　　　　　한 곳에서 말단부터 수장까지 착실하게 코스를 밟으면서 생활하는 이는 과연 얼마나 될까? 아마 사립학교 교원을 제외하면 극히 드물다. 사립학교 교원의 경우 인사 및 채용권이 재단 이사장에 있기에 채용과 동시에 한 곳에서 일반 편교사로 시작해 교육 행정의 꽃인 교감, 교장까지 다다르는 이들이 많다. 대개 20대 후반에서 30대 초·중반 첫 교편 생활을 시작한다고 가정할 때 교사 정년퇴직 연령인 63세까지 30여 년을 한곳에 몸담게 된다는 것인데, 보수적인 교육계 특성과 업무 환경의 변화 등을 고려하면 분명 의미 있다고 볼 수 있다. 더군다나 교장, 교감 채용 절차도 밟아보지 못하고 일반 편교사로 정년을 끝내거나 중도 명예퇴직으로 물러나는 이들이 수두룩한 부분도 30여 년간 한곳 종사를 더 드높이는 부분이라고 본다. 프로스포츠의 세계에서는 이보다 더하면 더했지, 덜하지 않다. 성과에 의해 자리를 내놓아야 하는 파리목숨과도 같은 신세에 감독과 코치의 계약 기간은 휴지 조각과도 같은 것이고, 선수들의 경우 FA 이적과 구단과 구단 간 이해관계에 의한 트레이드 등으로 자의 혹은 타의로 초임지를 떠나게 된다. 과거와 달리 '정(情)'보다 가치 중시가 우선시되면서 '원 클럽' 은퇴의 낭만이 사실상 천연기념물로 전락했고, 프랜차이즈로 남아주길 바라보는 팬들의 자긍심과 자부심 등에도 대못을 박히게 한다. 실제로 팀의 프랜차이즈 스타가 이적이나 트레이드로 둥지를 옮길 때 팬들이 구단에 성토하는 일들이 비일비재한 것이 이를 뒷받침한다.

어느덧 2023년 1월이 중순이다. 여전한 추위와 한파가 기승을 부리고 있는 와중에 설 연휴가 점점 임박해 오는 것을 보니 진짜 2023년이 다가오는 느낌이다. 미국이나 해외와 달리 대한민국은 음력 설날을 많이 강조하는 풍토라 음력 설날이 지나야 비로소 한 해가 바뀐다는 인식이 가득하고, 명절 연휴 고속도로 통행 대란과 함께 뉴스로 고속도로 통행 중계가 되는 진풍경도 연례 행사와 같다. 21일부터 연휴 기간이고, 사실상 20일 정오 이후부터 본격적인 명절 대이동이 시작되는 것을 감안하면 명절을 앞두고 고향에 일찍 방문하는 시민들이 제법 존재하고, 명절 연휴에 맞게 휴가를 계획하는 국군 장병들 역시 즐비하다.

필자는 17일 동서울터미널을 찾았다. 동서울터미널을 찾게 된 이유는 바로 원주발 버스 입성을 위해서다. 이날은 팬덤이 두텁기로 소문난 DB 팬들에게는 의미 있는 날이다. 바로 팀의 레전드이자 심장과도 같은 김주성 감독대행이 원주에서 감독대행으로 데뷔전을 갖는 날이다. 중앙대를 졸업하고 2002년 TG(DB의 전신)에 입단한 김 감독대행은 현역시절 챔피언 3회(2002-03, 2004-05, 2007-08)에 2002-03 시즌 신인왕, 정규리그 및 플레이오프 MVP 2회(2003-04, 2007-08 정규리그, 2004-05, 2007-08 플레이오프), 올스타전 MVP 1회(2007-08), KBL 최초 단일 시즌 MVP 트리플크라운 등의 화려한 업적을 쌓으며 원주 팬들의 많은 지지와 사랑을 한몸에 받았고, 허재와 함께 팀의 유이한 영구결번으로 남게 되면서 원주 대표 프랜차이즈 스타로서 자긍심과 자부심을 팬들에 고취시켰다. 또, 중앙대 1학년이던 1998년부터 16년간 태극마크를 달면서 아시안게임 2회 금메달(2002 부산, 2014 인천)을 포함한 각종 국제대회에서도 발군의 활약상을 뽐내며 한국 농구 대표 빅맨으로서 맹위를 떨쳤다. 205cm의 신장에 탁월한 기동력과 수비력은 국내 외 무대에서 단연 압권이었고, 정확한 미들슛 능력에 현역 막판 3점 슛까지 장착하며 활동 범위를 넓혔다. 2018년 현역 은퇴 후 이듬해 DB 코치로 돌아와 지도자 수업을 착실하게 받았고, 이달 초 이상범 감독의 사퇴로 감독대행직을 물려받으며 팀 정비에 노력을 아끼지 않고 있다. 1시간 20여 분 운행 시간을 거쳐 원주시외버스터미널에 입성한 필자는 경기 시작 이전 식사와 커피를 곁들인 뒤 약 15분간 도보 이동으로 원주종합체육관에 발을 내디뎠다.

공교롭게도 이날은 김 감독대행의 홈 데뷔전이자 DB의 2023년 첫 홈 경기이기도 한 날이다. 이상범 감독과 김성철 수석코치가 동반 사퇴한 어수선한 분위기 속에서도 지난 7일 현대모비스 원정 데뷔전을 승리로 이끈 김 감독대행의 체제 하에 중위권 싸움을 위해 매 경기가 살얼음판과도 같은 상황이라 홈 데뷔전에 대한 동기부여도 충만했다. 이날 원주종합체육관에는 매서운 추위와 한파 속에 김 감독대행의 홈 데뷔전과 DB의 2023년 첫 홈 경기를 응원하기 위해 체육관을 찾은 팬들이 평일임에도 제법 존재했고, 올 시즌 상승 기류를 잃지 않고 있는 LG 원정팬들도 벤치 뒤편 테이블에 많이 운집했다. 올스타 브레이크 이후 첫 경기 모두 두 팀에게는 서로 각기 다른 입장에서 향후 레이스에 많은 영향을 미칠 수 있는 일전이고, 1주일~열흘간 이전 다소 미진했던 부분을 정비할 수 있는 시간도 일정 부분 벌었다. 그러나 모든 일에는 일장일단이 있는 법. 후반기 첫 경기인 탓에 두 팀 모두 실전 감각과 경기 체력 등에서 많은 우려가 뒤따랐다. 실전 감각의 부족은 곧 팀 경기력에도 고스란히 영향을 미칠 수 있고, 자연스럽게 경기 체력과 흐름, 리듬 등이 저하되는 결과로 이어지기도 한다. 후반기 첫 경기의 중압감과 경기 체력 및 실전 감각 등의 저하라는 우려 속에 전체적인 에너지 레벨은 DB가 좋았다. 김 감독대행 체제 하에 에이스 이선 알바노와 2년 차 가드 정호영이 앞선에서 왕성한 활동량과 높은 에너지 레벨을 선보이며 팀 경기 에너지를 끌어올렸고, 코트에 나선 선수들이 어느 하나 빠지지 않고 루즈볼 경합과 수비 등에서도 열정적인 모습을 보여주며 LG에 큰 당혹감을 선사했다. 젊은 피인 신인 박인웅과 2년 차 정호영의 활용 폭을 늘리면서 LG 이재도, 이관희 '도-관희' 듀오의 활동량과 움직임 등을 적절히 틀어막았고, 드완 에르난데스와 레너드 프리먼의 공-수 효율도 나쁘지 않은 모습이었다. 이를 토대로 4쿼터 중반까지 경기는 DB가 근소한 리드를 쥐었고, 2023년 첫 홈경기는 김 감독대행의 홈 첫 승도 목전에 두는 것처럼 보였다. 그러나 올 시즌 LG는 확실히 달랐다. 이전과 달리 경기 후반 무너지는 모습이 온데간데 사라진 패턴을 끊어내면서 상승 기류를 잃지 않고 있고, 선수들의 의욕과 팀워크 등 또한 조상현 감독 부임 이후 몰라보게 향상됐다. 이는 이날 후반기 첫 경기 DB 전에도 여과 없이 드러났다.

　DB의 엄청난 전투력에 고전하는 경기 양상이 이어지고도 아셈 마레이와 김준일이 골밑에서 좋은 움직임을 보여주며 이관희, 이재도의 부진을 지웠고, 투트랙 전략을 적극적으로 활용하면서 임기응변의 묘를 더하는 부분도 건재했다. 특히 79:81로 뒤진 상황에서 경기 종료 44초 전 정희재가 결정적인 역전 3점 슛을 꽂아넣으며 기어이 승부를 뒤집었고, DB 마지막 작전타임을 이끌어내며 벤치의 뜨거운 환호성을 불러왔다. DB 마지막 작전타임 이후 두 팀 모두 각각 1번의 공격이 실패로 돌아가면서 벤치와 관중석의 긴장감을 한껏 조성시켰지만, 끝내 승리의 미소는 LG가 지었다. LG는 DB의 마지막 공격을 효과적으로 틀어막으며 82:81, 1점 차 승리를 따냈고, 올 시즌 원정에서 극강의 면모도 그대로 이어가며 '원정 깡패'의 수식어를 또한 번 증명했다. DB는 김 감독대행 체제로 첫 홈경기 공-수 양면에서 왕성한 활동량과 높은 에너지 레벨 등으로 좋은 경기력을 뿜어내며 LG의 간담을 제대로 서늘케 했지만, 마지막 집중력이 2% 부족함을 나타내면서 아쉬운 패배를 떠안았다. 그러나 이날은 팀의 레전드인 김 대행 체제 하에 무한한 가능성을 증명했다. 에이스 두경민과 김종규의 부상 공백 속에서도 박인웅, 정호영 등 젊은 피들이 파이팅 넘치는 플레이와 높은 에너지 레벨로 팀에 힘을 보태며 라인업의 유연성을 더한 부분이 긍정적이었고, 선수단 전체가 공-수 양면에서 왕성한 활동량과 높은 에너지 레벨로 상대 진땀을 제대로 빼는 모습을 보여준 부분도 지난 7일 현대모비스 원정과 이날 LG전의 큰 소득이다. 갑작스레 팀 체제가 개편된 탓에 기존 틀을 유지하면서 새로운 틀을 입히는데 턱없이 모자라지만, 과거 'DB산성'으로 불렸던 수비의 견고한 벽이 김 대행 체제 하에서 조금씩 싹 트기 위한 노력이 시작된 점은 향후 행보를 기대케 하는 대목이 아닐까 생각된다. 팀의 레전드가 수장으로서 팀을 지휘하는 모습은 팬들의 충성도가 탄탄한 원주 팬들에 또 다른 낭만을 연출시켰고, 팀을 너무 잘 아는 리더의 지도 스타일과 색채 구현 등에 대한 향후 기대감도 커지게 한다. 또, 이날은 경기 전 선수소개 때 코치 시절과는 다른 소개의 임팩트 또한 강렬했는데, 확실히 코치와 감독대행의 직함 차이와 이에 따른 무게감을 다시 한번 증명했고, 소개와 함께 팬들의 박수갈채 역시 팀 레전드에 대한 애정과 예우 등을 보여주는 대목이었다.

그렇게 한국 농구를 대표하는 레전드의 원 클럽에서 홈 데뷔전이 저물어갔다. 원주시외버스터미널에서 동서울터미널 방면 막차는 21시라 끊긴 관계로 센트럴시티터미널발 심야버스에 올라 귀갓길을 맞았고, 심야 시간 중부고속도로를 가로지르는 야경 또한 진국이었다. 확실히 심야시간대 고속도로를 밟는 느낌은 어딜 가도 좋고 안락한 것 같다. 승패를 떠나 20대 초반에 입성한 첫 직장에서 리더까지 단계별로 올라선 레전드의 행보를 기대케 하며, 앞으로 어떤 스타일의 지도를 보여줄지도 궁금해지는 바이다.

본격적인 2023년!
똑같은 패턴으로 실패의 쓰라림

- 2023년 1월 28일~29일, 31일

       2023년 계묘년 설 연휴는 예년에 비해 다소 짧았다. 24일이 정부 주재 하에 대체공휴일로 지정되긴 했지만, 연휴가 주말부터 시작된 영향이 아무래도 많은 현대인에게 큰 아쉬움과 허전감을 안겨주지 않나 생각된다. 대개 명절이나 공휴일이 지나고 다시 일상으로 돌아설 때 많은 피로감을 안는데 유독 명절만 되면 이러한 현상이 심화된다. 과거 1인 가구 증가와 함께 개인주의 문화로 변질되면서 온갖 육체 정신적인 스트레스를 몸으로 받아내는 것 자체가 크나큰 고역이고, 장거리 운행에 따른 허리와 목 등의 통증도 명절이 되면 더 도드라진다. 또, 차별과 잔소리 등으로 인한 두통, 경련 등의 신체 통증이 유발되는 경우가 적지 않고, 본래 휴무일이 하루가 쏜살같이 지나가는 특성 또한 많은 아쉬움과 함께 허전함과 공허함 등의 기분도 불러온다. 과거와 달리 명절 때 가족끼리 삼삼오오 모여 명절을 즐기던 풍토가 줄어들고 여행을 다녀오는 이들이 즐비해진 부분도 명절 직후 명절 증후군을 야기하는 요인이 됐다. 더군다나 설 연휴는 끝나고 나면 본격적인 새해가 시작된다고 해도 과언이 아닌 만큼 한 해 구상에 있어 머릿속이 하얘지는 일도 예삿일이 아니다.

프로농구는 매 시즌 설 연휴가 끼는 시기가 4라운드 후반~5라운드 초반 경이 된다. 이때 되면 각 팀 간 순위 싸움의 닻이 본격적으로 점화된다. 따라서 연승과 연패에 따라 각 팀의 시즌 농사가 가늠된다. 설 연휴 직후 맞이한 주말 화창한 날씨다. 주말 나들이를 구상하고 있는 현대인들에게 딱 안성맞춤이다. 명절 증후군에 따른 스트레스를 조금이나마 해소할 수 있는 시간으로도 손색없는 날이기도 한 만큼 거리에는 다양한 여가를 즐기기 위한 시민들이 제법 즐비했다. 필자는 설 연휴 직후 첫 주말 잠실학생체육관으로 발걸음을 향했다. 그런데 설 연휴 기간 폭설과 한파로 한강물이 완전히 얼어붙은 광경이 하나의 뷰를 완성시키는 것이 참 아이러니하다. 지하철 2호선 강변역을 가로지르면 한강 풍경을 자연스럽게 감상할 수 있는데 창밖으로 물이 꽁꽁 얼어붙은 모습을 보니 폭설과 한파의 위엄을 느낄 수 있게 했다. 사실 강변역 가로지를 때 한강 풍경은 밤에 봐야 제맛인데 주간 타임 때 얼어붙은 한강을 보게 된 것은 한강 풍경 감상의 묘미에서 모순점을 절로 이끌어내는 것이다. 서울 SK의 홈코트인 잠실학생체육관은 지하철 2, 9호선 종합운동장 8번 출구로 나오면 바로 체육관이 보이는 좋은 접근성으로 인해 농구 시즌이 되면 팬들의 직관 행렬이 가득하다. 거기에 SK가 수도 서울이라는 상징성을 토대로 관중 동원력에서 KBL 최고 수준을 자랑하고 있고, 최근 팀 페이스가 제법 좋은 상황이라 팬들의 발길도 잠실학생체육관을 향하기에 딱이었다.

SK와 한국가스공사의 시즌 4차전이다. 농구 마니아들의 가장 큰 관심 포인트는 양 팀 에이스인 김선형(SK)과 이대성(한국가스공사)의 쇼다운 연출 여부다. 20대 선수들에 버금가는 운동능력과 경기력을 뽐내고 있는 김선형과 투철한 사명감과 열정 등으로 에이스 구실을 다해내고 있는 이대성의 쇼다운 연출은 주말을 맞아 화려한 볼거리 창출을 기대케 하기에 전혀 부족함이 없다. 팬들의 바람대로 이날 김선형과 이대성의 쇼다운 연출은 농구의 묘미를 아낌없이 선보였다. 김선형은 전광석화 같은 스피드를 바탕으로 뛰어난 속공 처리능력과 돌파력, 테크닉 등의 강점을 십분 발휘하며 한국가스공사 수비를 초토화시켰고, 이대성은 미드레인지 점퍼를 토대로 3점 슛과 자유투 유도, 돌파 등 공격 롤을 적극적으로 활용하며 맞불작전을 폈다. 서로 다른 이들의 플레이 특성은 팬들에게 저마다 플레이, 농구 스타일 등의 선호도에 맞게 니즈 충족을 제대로 이끌어냈고, 서로 득점을 성공시키고 바로 맞받아치는 경기 패턴도 장내 심박 수를 더욱 끌어올렸다. 이러한 김선형과 이대성의 쇼다운에 박진감 넘치는 두 팀의 경기력은 보너스였고, 마지막까지 한시도 눈을 떼기 어려운 경기가 거듭됐다. 3차 연장까지 가는 대혈전에 선수들과 코칭스태프의 체력은 파김치가 됐지만, 체력적인 부담에도 모든 에너지를 다 쏟아내는 투혼과 열정을 보니 정신이 육체를 지배한다는 격언이 양 팀 선수들의 전투력을 끌어올리는 촉매제가 된 것만 같다. 도무지 끝날 것 같지 않던 경기는 3차 연장 종료 33초 전 자밀 워니의 득점과 함께 조금씩 SK 쪽으로 추가 기울었다. SK는 115:116으로 뒤진 상황에서 자밀 워니가 득점을 성공시키며 다시 1점 차 리드를 잡았고, 이후 오재현이 이대헌의 볼을 가로챈 뒤 허일영이 이대성의 파울로 얻은 자유투 2개 중 1개를 성공시키며 2점 차로 벌렸다. 두 팀 모두 팀 파울에 걸린 상황에 작전타임마저 다 활용했고, 2점 차 원 포제션 경기에 체육관을 찾은 관중들 모두 일어나서 한국가스공사의 마지막 공격과 볼 하나하나에 집중하는 몰입도가 더해졌다. 그러나 샘조세프 벨란겔의 마지막 숏이 림을 맞고 돌아나온 볼을 자밀 워니가 수비 리바운드를 잡아냈고, 기나긴 혈투의 종지부를 SK가 118:116, 2점 차로 승리하는 결실을 맺었다. SK는 김선형이 화려한 쇼타임을 선보이며 팬들을 즐겁게 했고, 자밀 워니, 최준용 등의 지원 사격도 쏠쏠하게 이뤄지며 승리를 지탱했다. 한국가스공사는 에이스 이대성을 필두로 샘조세프 벨란겔, 정효근 등 선수 개개인의 고른 활약이 뒷받침되며 SK 사냥을 목전에 두는 듯했지만, 고질적인 마지막 2% 부족한 집중력에 발목이 잡히면서 지난 26일 DB 원정에 이어 2연패에 빠졌다. 승패를 떠나 양 팀이 보여준 이날 퍼포먼스는 상당했다. 양 팀 에이스이자 KBL 대표 스타플레이어 중 한 명인 김선형과 이대성의 공격 폭발력과 왕성한 에너지 레벨은 많은 팬을 열광의 도가

니로 내몰았고, 김선형과 이대성 이외 양 팀 나머지 선수들의 짭짤한 공헌도도 에이스의 쇼다운 연출을 더욱 극대화시켰다. 이뿐만 아니라 엎치락뒤치락하는 경기 양상에 관중들의 시선은 한시도 떼기 어려웠고, 몸을 아끼지 않는 투지와 허슬 플레이 등 역시 볼거리를 풍성하게 만들었다. 적어도 이날 만큼은 관중들이 명절 기간 동안 쌓였던 명절 증후군으로부터 파생되는 각종 후유증 등을 벗어나도록 만드는 데 한몫을 했다고 자부하고, 이후 직관 욕구까지 끓어오르는 일거양득의 효과를 절로 누리게 했다.

명절 증후군은 이제 모든 현대인에게 뗄레야 뗄 수 없는 관계가 됐다. 아니 실과 바늘이라는 표현이 적절하겠다. 개인적으로 이를 해소하기 위한 나름의 방법을 찾는 것도 좋다고 생각하는데 농구 코트에서 선수들의 땀과 열정, 그리고 투지 등을 보면서 저마다 누적된 스트레스 해소, 팬심 증명, 추억 장만 등 각기 다른 효과를 얻을 수 있는 만큼 단순 여가 활동도 삶을 살아가는 데 있어 개인의 가치관 정립, 정신 건강 증진 등 시너지 효과가 크다. 이게 바로 직관이 현대인들의 여가 콘텐츠에 있어 빼놓을 수 없는 한 장르가 아닐까. 2023년 1월 28일 잠실학생체육관을 찾은 관중들에게 잊지 못할 경기가 된 것은 물론, KBL 역사에 있어 한 페이지로 남기에 손색없었다. 또한 필자 역시 이날을 일생 한 페이지에 있어 기억에 남는 하루와 스토리로 자리하게 됐다. 그렇게 1월 마지막 주말의 반이 흘러갔다.

전날 깊은 여운이 채 가시기도 전 일요일이 왔다. 전날과 마찬가지로 화창한 날씨에 바깥나들이를 가기 딱이다. 필자의 발길도 안이 아닌 밖을 향했다. 비록 바깥 공기는 차갑지만, 여가 생활 향유를 꾀하는 시민들의 발길은 추위를 잊게 한다. 지하철을 타고 4호선 사당역에 입성하니 일요일임에도 진국이다. 본래 지하철을 통한 유동이 많은 역 중 하나이긴 하지만, 주말 오전, 오후가 되면 유달리 하행선이 붐빈다. 그도 그럴 것이 4호선 노선 중 경마공원역이 자리하고 있기 때문. 본래 주말이 되면 경마를 즐기기 위한 시민들이 늘 가득한데 아니나 다를까 일요일 오전, 오후 시간대 경마공원역을 향하는 인파들로 북적였다. 저마다 다른 라이프스타일을 형성하고 있는 현대인들이기에 이러한 광경은 4호선을 주로 애용하는 시민들에게 그리 어색하지 않다. 많은 인파 속에 인덕원역 하차와 시내버스 안양종합운동장 방면 버스 환승을 거쳐 안양실내체육관에 도착했다. 시작 전 빈 허기는 인근에서 따뜻한 조개 칼국수와 보리밥 한 끼로 거뜬히 채웠고, 식후 차 한 잔까지 곁들이면서 끼니 해결은 완료됐다.

확실히 스포츠는 좋은 성과가 나와야 팬들도 자연스럽게 흥이 나는 법이다. 올 시즌 개막 전 평가절하됐던 KGC인삼공사가 시즌 개막부터 줄곧 선두 자리를 놓지 않은 나머지 팬들의 데시벨은 연일 쩌렁쩌렁하게 울리고 있고, 온 식구가 KGC인삼공사 유니폼을 착용하면서 가족 간 따뜻함을 나누는 모습들도 상당히 보기 좋은 광경이다. 가족들끼리 서로 농구 얘기를 나누면서 저마다 각기 다른 관점을 공유하고 팬심을 드러내는 부분은 좋으면 좋지, 나쁠 것은 전혀 없다고 본다. 가뜩이나 명절 증후군이 가시지도 않았을 것인데(물론, 현대인들 저마다 온도 차는 존재할 것이다.) 농구 얘기 나오면 좋아하지, 학업, 결혼 등 스트레스 야기 요소들을 얘기하면 기분이 나쁜 것처럼 말이다. 이날은 KGC인삼공사와 한국가스공사 모두 백투백 일정을 소화하는 여정이다. 전날 창원 원정에서 패하고 올라온 KGC인삼공사와 3차 연장 혈전의 후유증이 남아있는 한국가스공사였기에 팀 분위기와 리듬적인 측면에서도 영향이 크게 미칠 수 있는 이날 일전이다. 특히나 한국가스공사의 경우 중위권 진입의 길목마다 항상 뒷심 부족으로 패한 경기들이 허다했기에 이날마저 그르치게 되면 중위권 진입은 한 발 더 멀어질 수 있게 된다. 세상만사 제아무리 작은 일이라도 해야 할 시기와 상황 등을 놓치게 되면 구상한 바를 실현하는 것이 미뤄지거나 무산되는 것과도 어쩌면 흡사하게 보일지도 모른다.

공교롭게도 두 팀의 매치업은 매치업 홈팀이 승리를 가져왔는데 이날 초반 양상은 KGC인삼공사가 좋았다. KGC인삼공사는 변준형과 오세근, 배병준 등이 내 외곽에서 활발한 움직임과 득점력으로 한국가스공사 수비를 휘저으며 리드를 잡았고, 오마리 스펠맨의 부진을 대릴 먼로가 뛰어난 BQ와 보드 장악력으로 채워주면서 인사이드 싸움의 대등함을 가져왔다. 그러면서 리드를 줄곧 유지해 나갔고, 앞선에서 변준형과 박지훈의 에너지 레벨이 나머지 선수들에게도 좋은 영향을 미쳤다. 적어도 4쿼터 중반까지만 놓고 보면 KGC인삼공사의 승리 확률이 좀 더 높아 보이는 듯했다. 그럼에도 전날 3차 연장 패배의 후유증을 털어내려는 한국가스공사의 저항도 만만치 않았다. 에이스 이대성이 전날과 마찬가지로 내 외곽에서 왕성한 활동량과 에너지 레벨을 기반으로 팀 공격을 책임지면서 가진 공격 롤을 적극적으로 활용했고, 정효근과 데본 스캇도 순도 높은 득점력과 리바운드 가담 등을 통해 쏠쏠한 활약상을 뽐내며 이대성의 부담을 지웠다. 코트에 나선 선수들의 하고자 하는 의욕과 파이팅 넘치는 플레이 등에서 KGC인삼공사에 전혀 밀리지 않은 나머지 이대성과 정효근, 데본 스캇 등의 공격 효율은 더욱 높았고, 4쿼터 막판 승부의 추를 기어이 돌려놓으며 역전극에 대한 기대감을 높였다.

우리네 흔히 다 된 밥에 재를 뿌린다고 한다. 즉, 모든 조건을 다 갖춰놓고도 정작 마지막 하나를 채우지 못해 원하는 결과를 쟁취하지 못한다는 것이다. 이는 스포츠에서 비일비재하게 볼 수 있다. 이러한 틈새를 상대는 집요하게 파고들면서 물어뜯는다. 이날이 딱 그랬다. 72:71로 앞선 경기종료 8초 전 한국가스공사의 4쿼터 마지막 작전 시간 이후 이대성이 상대 반칙으로 얻은 자유투 2개를 모두 성공시키며 역전 드라마의 퍼즐을 끼워 맞추는 듯했지만, KGC인삼공사의 저력은 역시 괜히 선두가 아니었다. 변준형이 이대성의 파울로 얻은 자유투 2개 중 1개를 성공시키고 2구 실패한 볼을 재차 리바운드를 잡아내며 공격권을 쟁취해낸 것이 시초였다. 3초면 뒤지고 있는 팀 입장에서도 충분히 공격 한 번을 효율적으로 활용할 수 있는 시간대다. KGC인삼공사의 계산은 유효했다. 데본 스캇의 파울로 대릴 먼로가 자유투 2개를 이끌어냈고, 체육관에 있는 모든 인파가 숨죽이며 지켜보는 긴박한 상황 속에서도 침착하게 2개 모두 성공시키며 승부는 연장전으로 흘러갔다. 끝낼 수 있는 상황을 리바운드 헌납으로 놓친 한국가스공사 측에서는 데본 스캇의 파울 선언 콜이 나오자마자 벤치의 격렬한 항의가 이어졌지만, 이미 콜 선언을 번복할 수는 없었다. 스릴 넘치는 승부는 연장에서도 쭉 이어졌다. 양 팀 에이스인 변준형과 이대성이 체력 부담과 상대 집중견제 등에 아랑곳하지 않고 득점을 착실히 쌓아 올렸고, 공-수 양면에서 집중력을 잃지 않으려는 투지와 열정 등 또한 팬들의 박수갈채를 이끌어냈다. 코트에서 뛰고 있는 선수들과 코칭스태프는 죽을 맛이지만, 팬들 입장에서는 즐겁고 재밌는 레이스를 자연스럽게 만끽하는 것이다. 서로 장군멍군을 부르면서 쫄깃쫄깃함이 계속됐지만, 또 한 번 세컨드 리바운드가 두 팀의 희비를 갈리게 했다. 85:85로 맞선 경기종료 5초 전 대릴 먼로가 불발된 야투를 본인이 재차 잡아내며 세컨드 찬스를 만들었고, 3초 뒤 우측 코너에서 미들슛을 성공시키며 홈팬들을 열광의 도가니로 내몰았다. 세컨드 리바운드에 대한 KGC인삼공사의 집념은 숱한 세컨드 찬스에서 효율적인 득점의 좋은 매개체가 됐고, 마지막 한국가스공사의 공격을 잘 틀어막으며 2점 차 승리의 쾌재를 불렀다. 서로 각기 다른 피로도 속에 KGC인삼공사는 연패 위기를 벗어나면서 선두팀의 위엄을 증명한 반면, 한국가스공사는 3연패의 늪에 빠지며 9위에 머물렀다.

세상만사 기본을 간과할 때가 많다. 그게 작은 것이든 큰 것이든 말이다. 모든 게 완벽할 순 없지만, 기본을 간과하고 지나칠 때 놓치는 부분들이 많이 발생한다. 무조건 빨리 일을 처리하는 것이 능사가 아니라 기본적인 부분을 지켜가면서 그 일에 속도를 높였을 때 원하는 결과물 쟁취 확률이 높다. 대개 현대인들이 공통으로 원하는 바를 쟁취하지 못했을 때 두드러지는 현상이기도 하다. 기본은 농구 승패에도 여과 없이 드러난다. 세컨드 찬스 득점은 특히나 승부처에 도드라지는 요소다. 이날 세컨드 찬스 득점은 KGC인삼공사가 압도했는데, 공격 리바운드에서 우위가 세컨드 찬스 득점 효력을 더 배가시켰다. 공격 리바운드의 우위는 숏 실패 이후 공격 찬스를 많이 잡은 것인데 이러한 수치의 효력이 적재적소에 빛을 발한 격이다. 이는 KGC인삼공사가 상대 에이스 이대성을 제어하는 데 실패하고도 마지막에 웃을 수 있었던 주 원동력이다. 그에 반해 한국가스공사는 전날과 마찬가지로 또 한 번 2% 부족한 집중력에 발목이 잡혔다. 이대성 이외 정효근과 데본 스캇 등의 지원사격이 공격에서 잘 가미됐지만, 4쿼터 마지막 파울 활용과 세컨 리바운드 열세 등 기본적인 요소가 지켜지지 않은 것이 집중력 열세로 이어지는 결과를 낳았다. 올 시즌 유독 이러한 경기가 많이 나왔던 한국가스공사였기에 고질병과도 같은 집중력 부족으로 인한 패배는 더욱 쓰리다. 그래서 하는 말이 있다. 제아무리 화려해도 내실이 없으면 꽝이라는걸.

　벌써 2023년 새해 첫 달의 마지막이다. 새해 벽두를 맞이한 지 얼마나 됐다고 한 해의 한 달이 훌쩍 흘렀다. 새해 첫 달의 마지막인데 뭔가 거리 환경이 변화된 것을 느낄 수 있다. 다름 아닌 코로나19로 전 세계 모든 이들의 생활필수품인 마스크 실내 착용 의무가 일정 부분 해제된 것. 코로나19 감염 확산 방지를 위해 국가 차원에서 모든 국민에게 실내　외를 막론하고 마스크 착용 의무(이후 단계별로 방역 지침이 조정은 됐다.)를 띄면서 불편함 아닌 불편함이 존재했지만, 1월 30일 자로 실내 마스크 착용 의무 해제 소식은 전 국민에게 분명 희소식이었다. 사당역에서 지하철 하차 이후 좌석버스 환승을 위해 이동하면서 마스크를 벗은 시민들의 모습을 보니 코로나19 이전 모습을 느끼게 했고, 육체　심리적인 답답함을 해소한다는 해방감 또한 가득했으리라 본다. 비록 아직은 코로나19 신규 및 재감염 우려로 마스크 착용한 시민들의 모습도 많이 보이지만, 하나 확실한 것은 마스크 착용 의무 정책을 펼 때와 비하면 방역 정책 완화가 피부로 느껴진다는 것이다. 대중교통 안에서는 여전히 착용해야 하는 상황임에도 말이다.

　경기 남부권 대중교통의 거점이기도 한 사당역에서 수원 방면은 노선이나 배차 횟수, 운행 시간 등 모든 면에서 혜자에 가깝다. 워낙 수도권 지역의 도로 포장이 잘 이뤄진 데다 버스전용차로의 운행 또한 승객들에 편리함을 안겨다 준다. 의왕톨게이트를 밟고 성균관대를 거쳐 칠보 부근까지 약 40여 분이 소요됐고, 체육관 인근에 도착해서 보니 수원 KT 소닉붐 아레나로 향하는 팬들의 모습을 하나둘 발견했다. 팬들에게도 이날은 특별함을 더하지 않을까 생각된다. 일정 부분 제약이 뒤따랐던 지난날을 뒤로하고 마스크를 벗고 목청껏 소리를 지르면서 자신이 좋아하는 팀과 선수들을 열렬히 응원할 수 있게 된 부분은 묵혀놓은 갈증 해갈에 딱이고, 선수 및 응원단과 사진 촬영에 있어 선명도를 더하면서 소장 가치의 증대 효과를 누리게 됐다. 선수 및 응원단 접촉 최소화, 육성응원 금지 정책 등이 스포츠 방역의 주 핵심임을 감안하면 격세지감이 아닐 수 없다. 지난해 5월 10일 윤석열 대통령 취임과 함께 야외 마스크 착용 의무 해제는 이뤄졌지만, 대중교통을 비롯한 일부 다중밀집장소와 취약 장소는 실내 마스크 착용이 여전히 의무였다. 그러다 보니 농구장을 찾은 팬들은 마스크 벗고 목청껏 소리를 지르고 싶어도 마스크 착용에 의해 일정 부분 제약이 뒤따랐다. 당시 실내 감염 우려는 컸던 것을 감안한 정부 방역 정책에 의해 결정된 사항이긴 하지만, 유관중 정책 속에 뭔가 허전함을 지우기 어려웠다. 이게 육성응원 및 체육관 내 취식 가능 속에 숨겨진 옥에 티가 아닌가 싶다.

여전히 마스크 착용을 고수하는 시민들이 즐비했지만, 확실히 실내 마스크 착용 의무 해제와 함께 마스크를 벗은 시민들은 많았다. 그동안 마스크 착용과 함께 피부 습진, 여드름, 모공 확장 등 각종 피부 트러블에 애를 먹었던 현대인들이 워낙 많았고, 그와 함께 코로나19 확진이 호황을 보였을 때 마스크를 잠깐 벗고 확진 판정을 받으면 슈퍼 전파자라는 오명을 뒤집어쓰는 등 이래저래 불편함이 상당했다. 확실히 마스크를 벗은 효과는 있다. 일부 팬들은 그동안 감춰둔 목청 데시벨을 마음껏 폭발시키며 장내 분위기를 달궈줬고, 장내에서 울려 나오는 음악에 맞게 흥과 끼 폭발도 아끼지 않았다. 이때 구장 각종 이벤트 당첨 때 쏟아지는 푸짐한 경품은 팬들이 무상으로 제공받을 수 있어 직관 묘미를 더욱 향상시키고, SNS 통한 인증샷 게시로 주변 지인, 가족 등과 공유 및 나눔 등을 아끼지 않는다. 그러다 보니 때아닌 경쟁 아닌 경쟁(?)이 벌어지는데, 이벤트 진행의 전광판 송출을 학수고대하면서 이벤트 경품 쟁취를 바라보는 이들도 제법 존재한다. 경품을 쟁취한 이들은 직관의 묘미를 만끽하면서 잊지 못할 추억몰이를 장만하고, 설사 그렇지 못하더라도 끼와 흥을 폭발시키며 장내 분위기를 고조시키는 모습도 충분히 팬으로서 박수를 받을만하다.

시즌 중반 연승의 기세가 온데간데없이 다시 업다운을 보이고 있는 KT와 한국가스공사의 4번째 매치업의 스테이지가 그렇게 달궈졌다. 경기 양상도 팽팽했다. KT가 재로드 존스와 정성우의 폭발적인 득점력, 하윤기의 보드 장악 등으로 한국가스공사 수비를 흔드는 데 주력하자 한국가스공사도 에이스 이대성과 정효근의 내 외곽 득점, 머피 할로웨이의 페인트존 득점 등을 토대로 맞불작전을 폈다. 그렇게 4쿼터 막판까지 살얼음판 레이스가 거듭됐고, 서로 앞서거니 뒤서거니 하며 긴장감이 더욱 고조됐다. 두 팀 모두 4쿼터 막판 뒷심 부족에 의해 패한 경기가 수두룩했던 만큼 집중력은 승패에 필수나 마찬가지였다. 서로 공격 상황 때 집중력을 유지하면서 득점을 착실하게 쌓아 올렸지만, 승리는 KT의 몫이었다. KT는 재로드 존스와 정성우가 내 외곽을 넘나들면서 폭발적인 득점력을 쏘아 올렸고, 하윤기의 보드 장악도 외곽 화력을 적절히 뒷받침하며 캐롯-LG-한국가스공사로 이어지는 홈 3연전을 2승 1패로 마무리했다. 또, 이전 LG전 80:81, 1점 차 분패의 쓰라림을 훌훌 털어내며 중위권 진입의 희망을 여전히 남겨뒀다. 이날을 끝으로 원정 5연전의 종지부를 찍게 되는 한국가스공사는 이날 역시 4쿼터 막판까지 KT와 치열한 접전을 거듭했으나 또 한 번 뒷심 부족에 발목이 잡히면서 4연패의 늪에 빠졌다. 특히나 4경기 모두 마지막 집중력에 의해 역전패를 뒤집어쓰게 된 터라 중위권 진입에 빨간불도 함께 들어왔다. 그래서 고한다. 우리네 세상만사에서 스포츠는 모든 요소를 다 담고 있다는 것을. 아무리 결과와 과정 속에서도 기본적인 부분의 등한시는 결코 좋은 평가를 받기 어려울뿐더러 발전에 있어 하나의 아킬레스건이나 마찬가지니까. 이는 비단 운동선수뿐만 아니라 모든 현대인에게 공통된 사항임을 말이다.

3.

입춘의 만개

희망의 메아리와 해피엔딩,
더 나은 내일

입춘(立春)
그리고 '포비아'

– 2023년 2월 4일 울산

입춘(立春). 24절기의 첫 번째로 봄의 시작으로 간주된다. 여전히 겨울의 차가운 공기가 가득한 시기이지만, 태양의 황경이 315 에 드는 때라 햇빛이 밝고 강해진다. 이때를 기점으로 많은 현대인의 옷차림이 조금씩 얇아지기도 한다. 어느 때보다 매서운 한파가 기승을 부렸던 겨울도 입춘 도래와 함께 끝을 보이게 하는 대목이 아닐까. 2월 첫 주말과 함께 마주한 이번 입춘 역시 예외는 아니었다. 하늘이 맑게 쫙 펼쳐진 입춘날. 울산으로 발길을 향했다. 동해안의 좋은 절경을 느껴보고자 울산을 찾았다고 볼 수 있는데, 고속도로를 지나 도심으로 들어오는 루트에서 태화강을 지나니 입춘날 자연의 운치가 확실히 느껴졌다. 가는 날이 장날이라고 맑고 화창한 입춘날 태화강 일대에는 많은 시민으로 북적였고, 강가의 절경을 감상하면서 사진 촬영, 코스 활보 등으로 관광의 맛을 더욱 진하게 만들었다. 비록 직접 가서 본 것은 아니지만, 거리를 지나면서 자연을 감상하는 부분이 마치 그곳에 가있는 듯한 느낌을 절로 주게 해줬다. 태화강의 진한 여운을 뒤로하고 울산 대표 번화가인 삼산동에 입성했다. 20~30대를 중심으로 상권이 잘 형성된 지역이기도 하거니와 고속버스터미널과 시외버스터미널 모두 양옆으로 있어 울산 시내에서도 유동인구가 제법 되는 지역이다. 이뿐만 아니라 일반 광역버스가 부산 시내 외곽에 위치한 노포 종합버스터미널까지 노선 배차가 이뤄지고 있어 울산에서 부산까지 이동도 용이하다. 시내버스가 타 대도시에 비해 다소 불편한 것이 옥에 티로 지적되나 적어도 삼산동 일대만큼은 예외가 아닐까 생각된다. 이게 도심 중심지로서 하나의 이점이라고 본다.

입춘날 이디야커피에서 커피와 차로 입가심을 한 이후 브런치를 해결하기 위해 주변 거리를 활보했다. 목적지인 울산동천체육관 앞 GS25가 있긴 하지만, 기왕이면 도심지에 온 이상 도심지에서 푸짐하게 먹고 체육관으로 이동하는 것이 낫겠다고 판단했다. 현대인들에게 식사를 무엇으로 정할지가 고민 아닌 고민인데, 주변 식당가를 배회하다가 기나긴 고심을 거듭한 끝에 생선구이로 정했다. 생선구이에 각종 다양한 밑반찬들과 된장국이 곁들여진 메뉴는 입맛을 절로 돋운다. 제아무리 식욕이 좋은 사람이라고 한들 늘 똑같은 식욕을 유지하기란 쉽지 않다. 만병의 근원인 스트레스가 쌓이면 입맛 저하, 식욕 부진 등이 한데 겹친다. 그러다 보면 체중이 빠지거나 건강 이상, 기력 저하 등의 악순환으로 이어진다. 그러나 입춘날 동해안의 좋은 절경과 기운이 느껴져서 그런가. 이날 식욕이 제법 왕성했다. 모든 음식을 가리지 않는 필자에게 생선구이는 밥도둑 중 하나였고, 상에 차려진 각종 밑반찬도 밥과 곁들여 먹으니 포만감이 가득했다. 그렇게 해서 밥 두 공기는 거뜬히 해치웠고, 대개 식당에 비치된 커피믹스로 후식까지 깔끔하게 들이키니 한 끼 식사를 두 끼 식사로 장만한 격이 됐다. 물론 그렇게 먹고도 배고픔이 밀려올 때가 있다는 것이 함정이기는 하지만 말이다. 나름 푸짐했던 식사를 뒤로하고 울산동천체육관으로 향하기 위해 택시에 몸을 실었다. 삼산동에서 울산동천체육관까지 거리는 제법 가깝다. 택시로 소요시간도 10여 분에 불과하다. 그래서 울산동천체육관을 찾는 많은 원정팬들이 울산역에서 리무진 버스 하차 이후 택시, 삼산동에서 택시를 각각 주 이동 코스로 삼는 것도 이러한 요인이 숨어있다고 볼 수 있다. 택시를 타고 체육관을 향하니 울산 또 다른 뷰 명소를 지났다. 바로 동천강이다. 동천강은 울산 시민들의 대표적인 산책 코스이자 관광객들에게 뷰 명소로 인지도가 자자한 곳인데 밤에 산책로를 걸으면서 뷰를 감상하는 코스는 감성을 자연스럽게 자극한다. 이뿐만 아니라 동천강 자전거길은 자연과 호흡에 있어 안성맞춤이고, 강 주변 피어있는 꽃도 그야말로 환상적이다. 4월 유채꽃이 필 때 이는 더 절정을 이루며, 주간 타임 때 숲길 산책 역시 심신을 좋게 만드는 한 매개체다. 주간 타임에 동천강을 지나게 된 것이 아쉬울 따름이지만, 항상 동천체육관 지날 때 동천강을 바라보면 뷰가 정말 멋있고 환상적이라는 인상은 어디 가지 않았다. 거기에 택시 타고 오면서 기사님과 온 갖 담소를 나누다 보니 어느새 동천체육관에 다다랐고, 택시 기사님이 하차 때 활기찬 하루 되시라는 얘기에 필자 또한 "좋은 하루 되세요."라는 얘기로 화답했다. 이런저런 얘기 웃으면서 하다 보니 대중교통 이동의 무료함도 덜어낼 수 있었다.

시합 시작은 14시인데 이보다 다소 이른 12시 20분경에 도착했고, 동천체육관 주변을 활보하면서 시합 시작을 학수고대했다. 그렇게 주변을 활보하는 도중 선수단 버스가 체육관 입구에 들어섰고, 선수단이 체육관으로 들어가기 전 선수 사인과 사진 촬영 등을 소장하려는 팬들의 모습도 하나둘 늘어났다. 선수단 도착 이전 일찌감치 체육관 입구에 도사리고 있었는데, 입장 전 팬 서비스를 확실히 진행하려는 선수들의 '팬 서비스'는 팬들에게 큰 기쁨이자 감동과도 같다. 시합 시작 1시간 30분 전부터 매표소가 오픈하자 입춘날 체육관을 찾은 팬들의 입장 행렬은 더욱 늘어났고, 경기 전 관중들을 맞이하는 치어리더들의 생기발랄한 인사도 팬들의 에너지를 샘솟게 한다. 동천체육관 내부로 들어서니 현대모비스의 발자취를 쫙 전시해 놓은 전시관이 눈에 띄었다. KBL 최다 챔피언(7회) 팀이자 첫 '쓰리-핏(3년 연속 챔피언을 일컫는다.)'의 유일무이한 기록을 세운 현대모비스의 발자취는 팬들에게도 크나큰 자부심이 되기에 충분하고, 전시된 챔피언 트로피와 반지를 보니 업적의 위대함을 새삼 느끼게 한다. 사실 한 팀이 장기간 좋은 결과를 내기란 쉬운 일이 아니다. 더군다나 감독이 바뀌면 모든 체계가 확 바뀌는 국내 현실을 고려하면 더 그렇다. 선수들의 이적이 FA를 통해 활발하게 이뤄지는 현 추세에 핵심 자원들의 이적과 군 입대 등의 공백은 팀 전력에 극심한 누수를 입게 만드는 요소고, 감독 교체에 따른 새로운 시스템 적응, 기존 선수들과 용병 선수들 간 조화 등의 숙제가 그리 간단하지 않다. 이어 이들의 빈자리를 대신하게 될 자원들의 활약이 기대에 못 미치게 되면 팬들의 따가운 눈총을 피하기 어렵고, 부상이나 부진 등의 돌발상황 대처의 어려움으로 이어지며 성적 또한 곤두박질치기도 한다. 그런 면에서 현대모비스의 장기집권은 유재학 총감독의 조련 속에 조직 농구라는 시스템이 오랜 세월을 통해 뿌리를 내렸기에 가능했고, 양동근과 함지훈이라는 프랜차이즈 스타가 팀의 코어를 확실하게 자리 잡아주며 전체적인 시너지 효과가 향상됐다. 타 팀에 비해 핵심 자원들의 이탈에 따른 출혈이 적었던 부분도 장기집권 유지를 지탱했다고 볼 수 있고, 잘 갖춰진 시스템에 선수들과 코칭스태프의 노력, 구단의 투자, 팬들의 성원 등이 절묘한 하모니를 이뤘기에 가능한 결과였다. 챔피언 트로피와 반지가 곧 구단의 역사와도 같은데 이루기 힘든 챔피언 타이틀을 무려 7번이나 쟁취했으니 괜히 '명가(名家)'라는 타이틀이 붙여지는 것이 아니다. 과거 기아 시절부터 쭉 응원해 온 골수팬들이나 부모를 따라 '대(代)'를 이어 팬덤을 형성하게 된 젊은 팬 등 연령대 가릴 것 없이 챔피언 트로피와 반지의 전시는 타임머신을 탄 느낌을 주게 하고, 전시관 앞 비치된 역대 유니폼들의 모습도 바뀌는 유니폼 디자인과 색상 등에 맞게 다양하게 변모된 만큼 향수를 절로 자극한다. 울산 현대모비스라는 농구단의 홈코트 내부에 자그마한 박물관을 비치하면서 팬들의 추억 공간 장만을 위해 노력을 아끼지 않은 현대모비스 구단과 울산시의 동행에 박수를 보내주고 싶은 부분이다. 챔피언 트로피와 반지, 유니폼의 전시 이외에 체육관 끝 벚꽃 장식이 팬들의 관심을 절로 유발시켰고, 포토존을 적극 활용해 가족과 연인, 지인 등끼리 사진 촬영도 아끼지 않았다. 입춘날 벚꽃 장식을 보니 벚꽃 개화와 함께 '봄 농구'를 즐기려는 욕구가 더 끓어오르지 않을까 하는 기대감이 증폭되고, 그러면서 응원 팀의 '봄 농구' 진출 응원은 보너스다.

'포비아'. 불안장애의 일종으로 특정한 대상에 대해 극심한 공포를 느끼는 이상 반응을 일컫는다. 스포츠에서도 팀 대 팀으로 특정팀 상대로 연패, 열세가 계속되면 '~포비아'라는 타이틀이 붙여지기도 한다. 그런 면에서 현대모비스의 '캐롯 포비아'는 시즌 내내 지독하게 따라다니는 콤플렉스나 다름없다. 이날 맞상대인 캐롯에 4전 전패로 지독한 열세를 보이고 있기 때문. 1라운드를 제외하면 이후 3차례 매치업 모두 4쿼터 막판 2%를 채우지 못하면서 패배의 쓰라림을 들이켰기에 '캐롯 포비아'는 2위권 진입을 위해서는 필히 극복해야 할 과제다. 그에 반해 캐롯은 현대모비스의 막강한 인사이드를 소나기처럼 뻥뻥 터뜨리는 '양궁농구'로 파괴하며 재미를 톡톡히 봤고, 4쿼터 막판 집중력의 우위까지 곁들이는 등 '저승사자'로서 면모를 어김없이 뽐내는 중이다. LG, SK와 2위 싸움을 벌이고 있는 현대모비스와 5위 자리를 줄곧 유지하는 캐롯의 상황을 볼 때 갈 길이 급한 쪽은 현대모비스였고, 팀으로서 자존심과도 같은 스탯인 전 구단 상대 승리라는 동기부여도 뚜렷했다. 서로 각기 다른 특색을 지닌 두 팀은 4쿼터 막판까지 쫄깃쫄깃한 승부를 펼치며 입춘날 팬들을 즐겁게 했다. 현대모비스는 게이지 프림과 장재석의 보드 장악을 기반으로 서명진과 이우석이 내 외곽에서 득점에 힘을 더하며 '캐롯 포비아' 타파에 강한 열망을 나타냈고, 이에 질세라 캐롯도 디드릭 로슨과 전성현, 이정현, 김강선의 외곽포가 폭발하면서 현대모비스의 수비를 곤혹스럽게 했다. 현대모비스는 론제이 아바리엔토스의 부진을 강점인 인사이드로 채워가면서 제공권의 우위를 십분 활용했고, 캐롯은 디드릭 로슨이 내 외곽을 종횡무진 누비는 '전방위 활약'으로 상대 수비를 끌어내면서 전성현, 이정현, 김강선의 외곽슛이 빛을 냈다. 그렇게 경기는 용호상박을 거듭했고, 팬들의 응원 데시벨과 벤치의 목소리 등 역시 시간이 흐를수록 더욱 커졌다.

용호상박, 막상막하라는 사자성어가 딱 어울리는 두 팀의 승부는 14초에 의해 급격히 요동쳤다. 79:79 동점 상황에서 캐롯이 상대팀 파울로 얻은 자유투 2개를 에이스 전성현이 모두 성공시키며 리드를 가져왔지만, 현대모비스도 이어진 공격에서 이우석이 귀중한 3점 슛을 꽂아넣으며 82:81, 리드 체인지를 만들었다. 특히나 이우석의 3점 슛 성공 때 장내 모든 관중이 자리에서 일어나며 뜨거운 환호성을 질렀고, 응원 데시벨 역시 폭발하면서 관중들의 흥 또한 자연스럽게 돋궜다. 3쿼터 중반까지 리드 상황을 뺏기고 접전으로 치닫다가 다시 리드를 가져온 터라 승리는 현대모비스의 몫이 되리라는 시각이 팽배했다. 하지만 승부는 끝까지 가봐야 아는 법이다. 그리고 그 안에서 효율도 대단히 중요하다. 이우석의 3점 슛 성공 이후 캐롯의 마지막 작전타임이 불렸고, 조한진의 3점 슛 실패 이후 디드릭 로슨의 오펜스 리바운드가 나오면서 관중들의 심장은 급속도로 뛰었다. 결국, 경기종료 1초 전 디드릭 로슨이 오펜스 리바운드 이후 45도에서 던진 중거리 슛이 그대로 림을 통과하며 다시 1점 차 리드를 가져왔고, 이때 게이지 프림의 파울까지 얻어내면서 앤드원을 완성했다. 7초 전 뜨거웠던 환호성이 로슨의 한 방에 의해 순식간에 도서관으로 바뀌는 광경은 스포츠, 즉 농구가 주는 묘미를 제대로 실현했다고 볼 수 있다. 결국 캐롯은 로슨이 자유투 1개까지 성공시키며 짜릿한 재역전극의 퍼즐을 완성했고, 올 시즌 울산 원정 3전 전승 및 현대모비스 전 5전 전승의 절대 우위를 이어가며 기분 좋게 귀향길에 올랐다. 현대모비스는 제공권의 절대 우위에도 승부처마다 오펜스 리바운드를 헌납한 것이 어렵게 경기를 끌고 가는 요인이 됐고, 게이지 프림의 파울 관리에 따른 게임 운영 어려움, 상대 외곽슛 제어 실패 등도 발목을 잡았다. 지독한 '캐롯 포비아'에 현대모비스가 또 한 번 울상을 짓게 된 이유다. 캐롯의 이날 역전극이 주는 메시지는 뚜렷하다. 사실 캐롯은 신장이나 선수층 등이 타 팀에 비하면 열세에 있는데 이날 신장의 열세에 따른 리바운드 절대 열세를 승부처에 유연하게 극복했다는 점에서 눈에 띈다. 농구라는 스포츠가 리바운드에서 열세를 보이면 승부가 어렵게 흘러가기 마련인데 오펜스 리바운드에 대한 투지와 열정으로 승부처에 오펜스 리바운드를 걷어내면 뒤지고 있는 상황을 충분히 뒤집을 수 있다는 자신감을 팀 전체에 이식시킨다. 이날 캐롯의 재역전극도 오펜스 리바운드에 대한 투지와 열정이 승부처에서 빛을 냈기에 가능했다. 이게 바로 효율성의 배가다.

많은 현대인이 본래 가지고 있는 특색을 잃게 하면서 각자 미진한 부분을 채우는 데에만 너무 급급한 모습을 보이는 경우들이 허다하다. 예를 들어 고등학교 문과생이 언어와 외국어 영역에 강점을 보이고 있는데 수리영역의 취약함을 개선하기 위해 수리영역에만 너무 많은 시간을 쏟다 보니 정작 강점을 잘 발휘하지 못하는 것과 같은 이치다. 그러다 보면 본래 원했던 진학을 이루지 못하는 결과를 초래할 수 있다. 강점을 유지하면서 미진한 부분을 개선하는 효율성이 비단 입시뿐만 아니라 일상생활, 일터에서 업무 등에도 적용되는 바이다. 효율성의 배가는 각자 능률 향상으로 고스란히 직결되고, 어떠한 일을 할 때도 효율적인 운영과 구상 등이 가능해진다. 스포츠에서도 승부처를 유연하게 넘어서게 만드는 힘을 향상시키는 촉매제가 되며, 선수단 전체 '위닝 멘탈리티' 이식에도 크나큰 플러스가 된다.

실제로 각종 수치의 열세에도 승부처마다 열세를 보인 수치가 오히려 빛을 내면서 승부를 뒤집은 경우가 허다한 이유도 수치의 효율성, 그리고 시간이 절묘한 것이 이를 대변해 준다.

한 편의 드라마와 같은 명승부를 뒤로하고 곧장 콜택시를 이용해 울산역을 향했고, 울산역을 향하는 길에 태화강의 절경을 다시 한 번 감상하면서 입춘날 명승부의 여운을 머릿속에 그대로 남겨두게 했다. 울산역은 도심 외곽에 떨어져 있어 시내를 빠져나오면 곧장 고속도로로 진입하게 되는데 상 하행길 모두 뻥 뚫린 도로를 보니 입춘날 택시를 통해 좋은 드라이브도 함께 가미한 것 같다. 입춘날 오전부터 주변 경치 감상, 태화강과 동천강의 좋은 뷰, 용호상박의 경기 등 어느 하나 빠질 것이 없는 하루였다. 그렇게 20~30여 분 운행을 거쳐 울산역에 도착하면서 다음 울산 방문을 기약하게 됐고, 2시간 넘는 열차 시간 동안 주변 철로를 창밖으로 지켜보는 것으로 귀갓길까지 잘 마무리됐다. 그렇게 해서 2023년 입춘날은 나름 짭짤했던 하루로 한 페이지에 남을 것 같다.

레트로 AND DREAM-
삼성 클래식 데이

– 2023년 2월 16, 18일

      레트로. 한글로 복고다. 복고란 과거의 모양이나 정치, 사상, 제도, 풍습 따위로 돌아감을 의미한다. 주로 대중문화에서 많이 사용되는 단어이기도 한 복고는 옛 유행의 여러 요소가 되살아나서 다시 유행하는 현상을 말한다. 그렇게 해서 패션이나 음악, 소비 등 사회 각계 분야에서 복고풍 바람이 불어닥치는 것이 현 사회 추세다. 건물도 오래되고 낡은 건물을 리모델링해서 현대적인 인테리어를 가미하는 것처럼 패션 또한 1980~1990년대 유행했던 패션이 현시대에 재유행하는 부분 역시 기성세대와 신세대 간 커뮤니케이션 간극을 좁히는 데 크게 이바지한다. 복고 열풍은 스포츠에도 예외가 되기 어려운데 이를 대표적으로 말해 주는 것이 바로 팀 올드 유니폼이다. 유니폼을 비롯한 MD 상품에서 올드 유니폼은 단연 팬들에 인기 만점이다. 올드 유니폼 출시 당시 디자인과 색상 등을 그대로 유지하면서 현대식 디자인과 로고 등의 기입으로 출시 효과가 배가되고 있고, 판매량 또한 세대를 막론하고 가히 불티나게 판매된다고 해도 과언이 아니다. 오랜 골수팬들은 과거 유니폼을 보면서 옛 향수를 절로 자극하고, 당시 느꼈던 희열을 고정시킨 팬심으로 재현하고픈 열망이 뚜렷하다. 젊은 세대들은 올드 유니폼을 통해 구단 변천사와 발자취 등을 알아간다고 볼 수 있는데, 기존 익숙한 유니폼이 아닌 과거 유니폼을 통해 좋아하는 팀의 팬심을 드러내기도 한다. 야구와 축구에서는 올드 유니폼을 매년 출시하면서 팬들의 MD 소비 욕구를 끓어오르다 못해 폭발시키고 있는데 농구는 팀 명이 자주 바뀌면서 고유 아이덴티티가 실종된 것이 흠이라면 흠이라고 볼 수 있다. 그런데 이 팀만은 예외다. 바로 서울 삼성 썬더스다. 1978년 2월 28일 삼성전자 농구단으로 창단해 어언 45년의 역사를 자랑하고 있고, 실업 시절부터 지금까지 팀 명이 바뀌지 않고 쭉 유지되고 있는 유일한 팀이다. 그래서 삼성은 매년 창단 기념일을 앞둔 주에 '클래식 데이 혹은 위크'라는 명칭으로 각종 이벤트 진행, 올드 유니폼 착용 등으로 전통 계승에 많은 노력을 기울이는 모습이다. 최근 몇 년간 하위권을 맴돌고 있지만, 오랜 역사와 전통만큼은 삼성이라는 일류 기업 상징성을 더 지탱해 준다.

A매치 브레이크 이전 마지막 주인 2월 16일 잠실실내체육관을 찾았다. 입추를 지나 2월 중순이 되니 확실히 기온이 따뜻해졌다. 절기상 겨울인 탓에 차가운 공기는 남아있지만 말이다. 올 시즌 초반이 지나 부상 선수들이 속출되면서 중위권을 달리던 성적표가 최하위

로 곤두박질쳤지만, 이전과 달리 쉽게 무너지는 경기가 줄어든 터라 '클래식 위크' 승리에 대한 기대감이 컸다. '클래식 위크' 첫날 판은 마침 잘 깔렸다. 같은 서울 연고팀인 SK와 'S-더비'로 펼쳐지게 된 것. 연고지 서울과 삼성, SK의 영어 초성을 본따 'S-더비'로 탄생됐고, 2017-18 시즌부터 서로 홈 경기 때 빨간색(SK)과 파란색(삼성) 유니폼을 착용하며 구단 색상 아이덴티티 효과 배가를 도모하고 있다. 프로농구 부흥을 위해 탄생된 두 팀의 'S-더비'는 승리 팀 이름으로 취약계층 기부를 비롯해 각종 사회공헌활동을 아끼지 않을뿐더러 S-더비 특별 트로피를 제작하면서 두 팀 선수단의 동기부여 고취를 이끌고 있고, 두 팀 치어리더 합동 공연과 패배 팀이 다음 매치업 때 승리 팀 슈팅복을 입고 워밍업을 진행하는 유니크함도 가미하는 등 경기 내 외적으로 상품 가치 증대에 한창이다. 비록 1982년 프로야구 출범부터 치열한 라이벌 구도를 형성해 온 두산 베어스(전신 OB베어스)와 LG트윈스(전신 MBC청룡)의 '서울 라이벌전'과 비교하면 역사와 흥행 등에서 아직 비할 바 못 되지만, 침체된 프로농구에 스토리텔링 가능성을 제시한다는 점에서 박수를 받을만하다.

공교롭게도 이날은 두 팀 모두 올드 유니폼 착용으로 레트로를 이끌어냈다. 삼성은 항상 짝~홀 시즌 올드 유니폼인 청색 유니폼, SK는 1999-2000 시즌 챔피언 당시 유니폼인 흰색 유니폼을 각각 착용하며 '클래식 위크'의 가치를 더했다. 두 팀 올드팬들과 신규팬, 그리고 성별 할 것 없이 이날 선수단의 올드 유니폼 착용이 저마다 올드 유니폼 구매 욕구 폭발에 제격이었고, 선수단에게도 올드 유니폼 착용이 팀의 긍지와 책임감을 더 갖게 만드는 잣대 중 하나다. 경기 시작 전 선수 소개 때 S-더비 특별 인트로 영상으로 스테이지 흥을 돋웠고, 양 팀 선수를 동시에 소개하며 상생의 품격을 더했다. 매년 성적, 순위에 관계없이 치열한 명승부를 거듭했던 두 팀의 5번째 S-더비 스토리는 이날도 풍성했다. 삼성은 '캡틴' 이정현이 득점 침묵에도 어시스트 위주로 팀플레이를 책임지면서 김시래, 이호현, 장민국의 활발한 외곽 공격을 도왔고, 앤서니 모스와 다랄 윌리스의 보드 장악을 통해 제공권의 우위를 점하며 대등한 승부를 펼쳤다. 이에 질세라 SK도 자밀 워니와 김선형이 '원-투 펀치'로 득점포를 펑펑 터뜨리며 변함없이 팀 공격을 주도했고, 허일영과 최부경의 득점 효율이 내 외곽에서 짭짤함을 더하며 맞불작전을 폈다. 두 팀 모두 수비보다 공격적인 부분이 호조를 보이면서 경기 내내 박진감 넘치는 경기력을 선보였고, 엎치락뒤치락하는 양상과 함께 이날 관중들에 스릴과 재미 모두 선물하는 등 농구의 묘미를 아낌없이 증명했다. 그렇게 해서 4쿼터까지 101:101로 우열을 가리지 못하면서 연장전에 돌입했고, 연장에서도 체력적인 부담에 아랑곳하지 않고 공격 효율성을 잘 이끌어내며 안갯속의 향방이 거듭됐다. 수차례 동점이 오가는 스코어 추이에 양 팀 팬들의 희비가 순간적으로 교차됐고, 장내 피 또한 진하게 말라 갔다. 도무지 끝날 것 같지 않던 두 팀의 승부는 파울에 의해 갈렸다. 삼성이 장민국, 앤서니 모스, 다랄 윌리스, 김승원이 모두 5반칙으로 물러나며 높이가 헐거워진 틈새를 SK가 자밀 워니의 인사이드 공격으로 집요하게 물고 늘어졌고, 경기종료 1초 전 자밀 워니가 상대 반칙에 따른 자유투 2개를 모두 성공시키며 승기를 굳혔다. 경기 내내 상대 외곽 공격을 제어하지 못해 적지 않은 홍역을 치렀음에도 승부처에서 워니라는 확실한 믿을맨의 위엄이 얼마나 위력적인지를 다시금 증명하는 대목이다. 결국, 기나긴 대혈전 끝에 SK가 115:113, 2점 차 승리로 시즌 5번째 S-더비 승리와 함께 매치업 전적 4승 1패의 우위로 '위닝 시즌'을 완성했고, 높이와 스피드를 두루 겸비한 SK를 맞아 삼성은 가지고 있는 에너지를 모두 쥐어짜고도 워니를 제어하지 못한 것이 연장 혈전 끝에 너무나 아쉬운 패배로 이어지는 결과를 낳았다.

승패를 떠나 5번째 S-더비는 지켜보는 것 자체가 좋았던 상품이었다. 박진감 넘치는 경기력과 용호상박의 레이스는 관중들에게 말 그대로 '고 퀄리티'를 제대로 선물했고, 이날 소비를 위한 투자 대비 '가성비' 또한 100점 만점을 줘도 아깝지 않았다. 삼성의 '클래식 위크'와 'S-더비' 날짜가 절묘하게 맞물린 것을 감안해 양 팀 모두 올드 유니폼 착용으로 올드팬들에게는 옛 향수 자극, 신규팬들에게는 신선함 제공하는 등의 부수적 가치를 양산했고, 올스타전에서나 볼 수 있는 치어리더들의 합동 공연을 비롯해 다채로운 전광판 이벤트 등도 S-더비 소스를 더해줬다. 경기 내 외적으로 풍성하게 쓴 스토리는 더비 매치의 양과 질을 모두 쟁취하게 만드는 잣대로 손색없는 대목이다. 중소도시와 달리 대도시에 있는 농구, 배구 팀들의 팬 연고 의식이 다소 취약한 것이 사실이지만, 단발성이 아닌 연속성을 가지고 더비라는 상품을 발전시키려는 노력은 향후 팬덤 확장과 충성도 고취 등에 있어 좋은 시너지 효과가 기대되는 바이다. 그러기 위해서는 KBL과 구단, 선수 등 모두의 합심이 더 뒷받침되어야 한다는 것은 너무나 자명하다.

S-더비 치열한 명승부 이후 이틀이 흘렀다. 맑고 화창했던 날이 전날 하늘의 먹구름 전파와 함께 봄을 암시하는 빗방울이 쏟아진다는 기상청 예보다. 역대급 대설과 한파가 기승을 부리던 날은 어디 가고 빗방울이 촉촉하게 내릴 것이라는 예보를 보니 이제 점점 봄이 다가오는 것 같다. 그러다 보니 2월도 어느덧 18일. 더군다나 2월은 28일까지밖에 없기에 또 다른 한 달이 흘러가는 체감 속도는 더욱 빠르고 가파르다. 이날은 '클래식 위크'의 마지막이다. 하지만 어느 때보다 특별한 하루다. 바로 삼성이 '클래식 위크' 때마다 매년 진행하고 있는 '김현준 장학금' 전달식이 있는 날이다. 1980~1990년대 한국 농구를 대표하는 슈터로 맹위를 떨치다가 1999년 불의의 교통사고로 세상을 떠난 故 김현준 코치의 업적을 기리기 위해 2000년부터 지정한 행사로, 고인을 기리며 장래가 촉망되는 농구 유망주를 지원하기 위해 만들어졌다. 위 장학금을 통해 프로 및 국가대표 선수로 거듭난 이들도 수두룩하고, 농구 유망주들에게 꿈과 희망을 촉

진시켜 주는 동아줄이 된다는 점에서 의미가 크다. 또 하나는 팀의 대표 레전드의 이름을 본따 장학금 수여를 진행하는 것만으로도 팀 전통 계승에 한 축이 되며, 고인이 된 레전드를 추억하는 방법으로서 구단만의 고유 행사로 자리매김하는 동력이 되기도 한다. 마치 씨름=이만기(인제대 교수)라는 고유 명사와 같이 말이다. 장학금 수여를 토대로 자라나는 새싹들이 프로 무대에서 한국을 대표하는 선수가 되는 모습을 상상하니 너무나 행복하고 아빠 미소가 절로 나오게 되고, 훗날 장학금 수여 당시를 회상하며 장기적으로 직업윤리와 마인드 등을 확립하는 동기부여 또한 충만하다. 사실 학창시절 기관과 단체로부터 장학금을 수여받는 일은 그리 많지 않다. 기관이나 단체의 장학금 수여 충족 사항이 저마다 다른 데다 충족에 이은 수여 자체가 '낙타 구멍'과 같다. 단순히 학업 성적(일반 학생), 대회 성적(운동선수) 등만으로 장학생 선정을 진행하는 것은 더더욱 아니며, 기관이나 단체 등의 열의와 재정 투자 등 역시 필히 뒷받침되어야 한다. 물론 수많은 청소년이 대학에 진학해서 각 대학 학생 충원과 재정 적자 폭 감소 등을 위해 신입생이나 재학생들에게 국가 장학금 수여 등 각종 장학 혜택 부여를 많이 하지만, 청소년 시절 수여받는 장학금의 가치와는 비할 바 못 된다. 장학금 수여를 생활의 일부(여기서 말하는 생활의 일부는 생활비 조달을 비롯한 모든 부분을 말한다.)로 삼게 되는 성인들과 미성년자 신분에서 장학금 수여를 발전을 위한 동력으로 삼는 청소년들의 신분적 차이라고도 볼 수 있다. 그렇기에 청소년 시절 기관이나 단체 등으로부터 장학금 수여는 여러모로 자아에 영향을 미치는 한 점이다. 또 하나는 종목별 레전드의 존재는 꿈과 희망, 열정 등을 키워준다. 레전드로 군림하면서 쌓은 내공과 경험 등은 직업윤리와 마인드, 승부욕 등을 흡수하는 데 큰 밑알이 되고, 피라미드 구조를 뚫고 본연의 영역을 착실하게 극대화한 부분들 역시 청소년기 이후 포지션 전향, 롤 변경 등이 불가피한 선수들에게 영감을 준다. 비단 운동선수에게만 스포츠 레전드의 존재가 학습효과를 주지 않는다. 현대 사회를 살아가는 일반인들에게도 마찬가지다. 기형적인 입시 구조를 뚫고 나니 살벌하다 못해 정글과도 같은 사회에 첫발을 내딛게 되는데 학창시절 학업에만 너무 몰두한 나머지 사회인으로서 갖춰야 할 소양, 인격적 도리, 직업윤리 등을 갖추지 못하는 경우가 발생한다. 운동선수뿐만 아니라 사회 각계에서 레전드로 평가받는 이들이 단순히 능력이나 업적 등만 위대해서 레전드 칭호를 얻겠는가? 레전드라는 세간의 평가에도 직업윤리와 마인드, 인격적 도리 등을 착실하게 연마했기에 대중들, 각 급 관계자 등에게 엄지 척을 이끌어내는 것이다. 저마다 어린 시절 '~되고 싶다'는 이상을 누구나 가진다. 이를 위해 나름의 다른 방법을 가지고 삶의 방향성 수립을 꾀하며, 이러한 이상을 통해 자아실현을 도모하기도 한다. 꿈이라는 단어 속에 많은 시행착오가 존재하지만, 묵묵히 우직하게 추구하는 방향을 향해 잘 나아가면 꿈 실현에 도달하기도, 그 이상의 것을 얻을 수 있다. 물론, 본연의 특색을 유지하면서 필히 갖춰야 할 부분을 겸비했을 때의 일이다. 이러한 요소들을 놓고 볼 때 개인적으로 단순히 농구 이상으로 어느 때보다 특별한 날이라고 느낀다. 꿈과 희망이라는 단어가 연령대를 거치면서 희미해지기에 더 그런 것 같다.

이날은 '클래식 위크'의 마지막 날인 만큼 삼성 선수단의 전투력은 직전 SK와 'S-더비' 연장 혈전 끝 패배와 맞물려 더 불타올랐다. 삼성에 맞서는 한국가스공사는 어느새 9연패의 늪에 빠지며 6강 진출의 희망이 점점 옅어지는 상황이다. 계속된 승부처 패배가 발목을 잡으면서 KCC, DB, KT 등 경쟁팀들과 격차가 제자리를 맴돌고 있고, 선수단 내 심화된 패배주의와 비효율적 공-수 밸런스 등에 의해 치고 오를 동력마저 마련하지 못하는 실정이다. 하위권에 처져있는 팀 간의 매치업이라도 서로 승리에 목마른 이유다. 경기는 초반부터 한국가스공사가 에이스 이대성, 이대헌, 정효근 등의 내 외곽 득점이 폭발하면서 경기 칼자루를 쥐었고, 삼성은 S-더비 혈전에 따른 피로도에 숏 난조와 턴오버 등이 한데 겹치면서 경기가 뜻대로 풀리지 않았다. 결국에는 한국가스공사가 초반 벌려놓은 점수 차를 마지막까지 잘 유지하며 89:66, 23점 차 대승으로 마무리했고, 기나긴 9연패의 늪에서 빠져나오며 모처럼 승리의 쾌재를 불렀다.

우리네 모두 언젠가 세상과 이별을 마주하게 된다. 단지 시간의 흐름, 상황적 요소 등에 따라 그 시점이 다를 뿐이다. 이날 삼성의 '클래식 위크' 마지막 하프타임 때 故 김현준 코치의 살아생전 모습을 보니 필자는 절로 숙연해졌다. 살아생전 고인의 영상이 전광판으로 송출될 때 농구대잔치 시절 쌓은 업적과 커리어 등은 한국 농구의 역사에 영원히 길이 남을 스탯이고, 작은 신장에도 백발백중의 슈팅력과 득점력 등은 정말 위대한 슈터였음을 새삼 느끼게 했다. 과거 현대전자와 치열한 라이벌 구도에 중심을 이뤄온 향수는 올드팬들의 타임머신을 이끌기에 충분하고, 여러모로 자라나는 새싹들에게 크나큰 배움의 장을 제시해 줬다. NBA 역대 득점기계 중 한 명으로 손꼽히는 앨런 아이버슨도 신장이 183cm의 작은 신장에도 폭발적인 득점력과 슈팅력 등을 통해 '슈퍼스타'로 군림했는데, "농구는 신장이 아닌 심장으로 하는 것"이라는 격언은 신체조건과 피지컬 등이 중요시되는 농구라는 스포츠에서 단신 선수들에게 표본이 된다고 볼 수 있다. 누군가를 보면서 꿈과 희망을 키워가는 것은 어쩌면 필연적인 것이다. 그도 그럴 것이 현대인들이 태어나면서 100% 완벽함을 가지고 자라는 것은 없고, 저마다 콤플렉스를 안고 세상사를 걸어간다. 이러한 콤플렉스는 저마다 노력 여하에 따라 개선되기도, 아니면 평생 안고 가기도 한다.

신체적인 부분이든 성격적인 부분이든 각자 살면서 콤플렉스는 여간 스트레스를 받게 하는 일이 아니다. 그러나 이러한 콤플렉스에도 죽으라는 법은 없나 보다. 예를 들어 운동선수들이 신체 조건의 열세를 단신 선수들만의 테크닉과 스킬 등으로 극복하면서 장신 숲을 헤집고 다니는 모습은 단신 선수들에 크나큰 환희를 주고, 댄스 실력이 떨어지는 부분을 폭발적인 가창력과 목소리 등으로 극복하는 음악적 요소를 겸비한 엔터테이너들의 존재도 충분히 박수갈채를 받을 수 있다. 그렇기에 살아생전 작은 신장에도 가공할만한 폭발력을 통해 레전드 반열에 오른 故 김현준과 앨런 아이버슨처럼 농구선수들 역시 동 포지션 대비 작은 신장을 자신만의 영역 확장을 통해 극복하면서 본연의 무기를 착실하게 잘 갈고닦으면 얼마든지 좋은 모습을 보여줄 수 있다. 이는 현대 사회를 살아가는 모든 이들이 너무 콤플렉스에 얽매일 필요는 없다고 칭할 수 있는 대목이며, 많은 새싹이 프로와 대표 선수로 발돋움한 것처럼 이날 '김현준 장학금'을 수여받은 학생들도 이날 장학금 수여가 훗날 프로 및 대표 선수로 거듭나는 데 있어 하나의 동아줄이 되기를 기대하는 바이며, 앞으로 스포츠계에서 레전드를 추억하고 애도하는 문화가 더 발전을 거듭하는 모습을 보여줬으면 좋겠다. 단, 일회성이 아닌 지속성을 가지고 말이다.

RIVAL(라이벌)
SK- KGC인삼공사 5R

– 2023년 2월 19일

        라이벌. 동등 혹은 그 이상의 실력을 갖춘 경쟁자를 의미하며 적수라고도 일컫는다. 어원은 라틴어로 시내, 개천을 의미하는 rivus, 즉 stream이다. 시내, 개천의 자원, 통행을 둘러싸고 싸우는 사람들에서 하나밖에 없는 물건을 두고 싸우는 사람들, 같은 분야에서 또는 같은 목적을 위해 서로 경쟁하는 맞적수의 의미로 발전됐다. 스포츠에서도 라이벌의 의미는 남다르다. 같은 동업자로서 서로 발전을 도모하기에 좋은 동기부여이자 서로를 필히 넘어야 원하는 바를 이룰 수 있는 양면성을 지니고 있어 만날 때마다 눈빛이 불타오른다. 라이벌전에서 치열한 명승부는 팬들에 꿀잼을 선사하면서 행복과 만족을 동시에 이끌어내고, 미디어 관심도와 팬들의 시선 또한 자연스레 고정되는 효과를 한데 가져온다. 라이벌 팀과 매치업 때 자극적인 멘트를 서슴지 않는 해외와 달리 국내는 유교 문화가 오랜 세월 확고하게 자리 잡고 있어 상대에 대한 자극은 삼가는 경향이 짙지만, 선수단과 팬들의 라이벌전 필승에 대한 내면의 피만큼은 절대 변하지 않는 이치는 그대로다. 그런 면에서 SK와 KGC인삼공사의 신 라이벌전은 대단히 매력적이다. 지난 시즌부터 형성된 라이벌 구도는 올 시즌 막상막하, 용호상박 등의 수식어가 전혀 아깝지 않았고, 한시도 눈을 떼기 어려운 레이스가 거듭되면서 라이벌 관계가 더욱 무르익었다. 4차례 매치업 모두 10점 차 이내로 종결될 만큼 마지막까지 긴장 기류가 연신 감돌았고, 선수들 간 치열한 자존심 싸움 역시 잔칫상에 먹거리를 풍족하게 만든 좋은 양념이었다. 라이벌이 팀 대 팀, 선수 대 선수로 만날 때 만나기만 하면 서로 으르렁 으르렁대는 관계로 보일 수 있지만, 상호 존중을 통해 형성된 라이벌 구도는 분명 긍정적인 면이 많다.

마침 A매치 브레이크 이전 마지막 주말 매치업이다. 날씨 또한 신 라이벌전을 돕는 느낌이다. 전날 보슬비가 추적추적 내린 덕분에 봄 기운은 더욱 진하게 만개됐고, 하늘 햇살마저 너무나 맑았다. 매년 프로농구 정규리그 5라운드 즈음 되면 차가웠던 공기가 입춘을 지나 따뜻해지는 시기인데, 한편으로는 정규리그가 어느새 막바지를 향해 치닫고 있음을 알리는 징조이기도 하다. 이날 잠실학생체육관은 라이벌전을 관전하기 위해 찾은 팬들로 북새통을 이뤘다. 부모님과 손잡고 함께 농구장을 찾은 어린이 팬부터 응원 피켓과 스케치북을 들고 열혈팬을 자처하는 여성팬 등까지 성별과 연령대를 막론하고 다양한 팬층이 한데 어우러지는 모습을 보니 마치 풍족하게 차려진 잔

첫상과도 같았다. 김선형과 변준형의 신-구 에이스들의 현란한 테크닉과 스킬, 자밀 워니와 오마리 스펠맨의 서로 각기 다른 특색은 라이벌전 관전의 묘미를 한껏 고취시키고, 리그 대표 수비수인 오재현과 문성곤의 상대 에이스 저격은 '방패'의 재미 또한 '창' 재미 못지않은 매력을 선사하는 요소다. 이러한 라이벌전 관전 포인트는 어김없이 체육관 분위기를 뜨겁게 달궜다. SK는 김선형, 자밀 워니가 '원-투 펀치'로서 가공할만한 파괴력을 선보이며 팀 화력을 높였고, KGC인삼공사는 오마리 스펠맨과 렌즈 아반도가 내 외곽을 종횡무진 넘나드는 폭발력으로 SK에 으름장을 놨다. 두 팀 모두 허일영과 최성원의 외곽 서포터, 최부경의 보드 장악(SK), 변준형의 내 외곽 득점, 오세근의 보드 장악(KGC인삼공사)이 적절히 이뤄지면서 경기의 질을 높인 부분이 긍정적이었다. 자연스럽게 경기는 엎치락뒤치락하는 양상으로 진행됐고, 4쿼터 막판까지 승부의 추를 종잡을 수 없을 만큼 장내 피가 진하게 말랐다. 적극적인 디펜스를 통해 상대 주 패턴을 차단하면서 공격 특색의 극대화로 상대 진을 빼려는 두 팀 벤치의 계산도 바삐 돌아갔고, 리바운드와 루즈볼 경합 등에서 지지 않으려는 집념 역시 체육관의 데시벨을 높였다. 팽팽하던 승부의 향방은 경기종료 20초 전이 돼서야 비로소 갈렸다. SK가 81:79로 앞선 경기종료 20초 전 김선형의 3점 슛이 실패하자 최부경이 오펜스 리바운드를 잡아내며 공격권을 다시 쥐었고, 리바운드에 이은 득점이 성공되면서 승기를 잡았다. 최부경의 적극적인 오펜스 리바운드

가담은 중요한 승부처에서 루즈볼, 리바운드의 중요성을 다시 한번 부각시켰고, 기세를 몰아 변준형의 3점 슛을 최원혁이 블록슛과 2점 성공으로 받아치며 승리의 쾌재를 불렀다. 화려함으로 무장한 에이스들의 폭발력 뒤에 수비와 궂은일 등에서 팀에 적지 않은 기여도를 세우는 감초들의 조연 역할 자처는 팀 경기력과 무게감 등을 더 단단하게 만드는 기둥임이 그대로 증명됐고, 핀치 상황에서도 '포커페이스'를 잃지 않는 내공은 라이벌전 승리를 적절히 뒷받침했다. KGC인삼공사는 치열했던 경기 양상 속에 핵심 자원들의 고른 활약으로 SK와 명승부를 거듭했지만, 막판 집중력의 2% 부족함을 나타내며 11연승의 상승세에 제동이 걸렸다.

이날 두 팀의 신 라이벌전은 승패를 떠나 라이벌의 의미를 제대로 구현했다. 몸싸움이 격렬한 농구라는 스포츠의 특성에 빠른 템포와 적극적인 몸싸움, 루즈볼 경합에 대한 집념 등을 아낌없이 펼쳐 보였고, 짜인 패턴 안에서 선수 개개인의 특색과 스킬 등 또한 잘 묻어나왔다. 마침 안양에서 잠실까지 이동이 편리한 덕분에 KGC인삼공사 원정팬들이 상당히 많이 체육관에 운집하면서 데시벨이 더욱 높았고, 양 팀의 유니폼 착용을 통해 팬심을 증명하려는 팬들의 열정과 성원 등 역시 나무랄 데 없었다. 그래서 스포츠에서 라이벌의 존재가 중요하다고 볼 수 있는 이유다. 약육강식의 세계에서 서로를 물어뜯어야 사는 잔혹한 운명이지만, 동업자 신분에서 서로 발전을 도모하는 데 좋은 자극제가 된다는 점에서 라이벌이라는 단어에 동기부여를 끓게 한다. 이러한 라이벌 구도는 리그를 건강하게 만드는 비타민이라고 해도 과언이 아니고, 마케팅적인 측면에서도 MD 상품 판매를 비롯한 입장 수익 증대 등의 파급효과가 짭짤하다. 야구, 축구와 달리 시장성이 다소 열악하지만, 마니아층의 꾸준한 분포와 각 팀 팬들의 충성도 만큼은 제법 굳건하게 잡혀있는 만큼 라이벌전의 상품성을 더욱 끌어올리는 노력에 모두가 머리를 맞대야 하지 않을까 생각된다. 라이벌의 존재는 스포츠에서만 거론되지 않는다. 기관과 기관, 개인과 개인 간의 라이벌 의식은 서로 감정 자극하지 않는 선에서 좋은 시너지 효과가 연출되고, 상호 보완적인 부분을 채워줄 수 있다는 점에서도 발전을 덧칠해준다. 서로를 무조건 넘어야 한다는 강박관념에 신경이 예민하거나 으르렁 으르렁댈 때도 있지만, 이러한 부분은 라이벌로 서로의 존재와 그 가치를 증명하는 부분이다. 스포츠든, 일상이든 라이벌의 존재가 물론 신경이 쓰이지 않을 수 없다. 하지만 라이벌 관계를 지나치게 의식하기보다 본연의 특색을 먼저 극대화하는 것이 중요하지 않을까 생각된다. 상황, 환경, 여건 등이 저마다 천차만별이나 상황에 맞게 유연하게 본연의 특색을 구현한다면 결과는 자연스레 따라온다. 예를 들어 노래를 못하는데 미진한 노래 실력을 키우려다가 본래 강점인 춤 실력을 뽐내지 못하면 무대에서 오히려 역효과가 나는 것처럼 말이다. 사실 많은 현대인이 라이벌 관계를 의식한 나머지 그 상대에 맞추려는 경향이 짙다. 본래 해오던 패턴을 접어두고 상대에 맞는 행동 기법을 적용하면서 라이벌을 넘어서려는 계산을 직 간접적으로 표출한다. 이 부분 자체가 어쩌면 위험한 도박일 수 있다. 현대인들이 저마다 가지고 있는 본연의 특색을 잃게 할 수 있기 때문이다. 그렇기에 개인, 단체가 가지고 있는 특색과 성향을 유지하면서 라이벌과 멋있게 승부를 펼치는 그림이 더 아름답고 가치 높은 법이다. 꽃도 외관만 화려한 것보다 찬찬히 물을 줘가면서 가꿔진 꽃처럼 말이다. 라이벌 관계라고 해서 본연의 스타일과 특색을 죽이는 것은 곧 한 개인, 단체가 가지고 있는 본성과 정체를 잃게 하는 것이 너무나 자명한 이유다.

스포츠 직관 앞에는 성(GENDER) 차별 없다!

– 2023년 3월 8일

　　　　　　역대급 폭설과 한파가 매섭게 불어닥친 겨울이 저물고 어느새 봄이 활짝 만개했다. 매년 3월 초에 꽃샘추위가 반짝 불어닥치지만, 이번만큼은 꽃샘추위 이후 따스한 기운이 가득한 나날이 개인적인 체감상 빠르게 다가온 듯한 느낌이다. 2022년 3월 9일 윤석열 대통령 당선 이후 윤석열 정부 출범이 벌써 1년이다. 윤 정부 취임 1년 동안 '10.29 이태원 참사'를 비롯해 사회 각계 분야에서 많은 사건사고가 이전 정부와 마찬가지로 끊이지 않았는데, 프로농구 역시도 캐롯 점퍼스의 임금 체불 문제라는 초유의 사태가 벌어지면서 많은 이들의 안타까움과 분노 등을 동시에 자아내는 중이다. 이러한 캐롯 점퍼스의 임금 체불에 정규리그 7위 팀이 플레이오프 무대에 탑승하게 되는 웃지 못할 광경이 벌어질 우려 또한 다분해지는 것은 물론, KBL 리그의 가치를 훼손하는 것과도 같다. 21세기 도무지 일어나서는 안 될 사태가 일어난 나머지 플레이오프 대진 변경 등까지 감안해야 되는 동향 자체가 어쩌면 블랙 코미디다. 더군다나 플레이오프 탑승을 위한 경쟁이 절정을 이루고 있는 시점이기에 막차 탑승을 노리는 팀을 응원하는 팬들 입장에서도 마냥 웃기는 힘들다고 보는 이유다.

3월 8일, 이날은 여성의 날이다. 여성의 정치, 경제, 사회적 업적을 범세계적으로 기념하는 날로 1975년부터 유엔에 의해 세계 여성의 날로 지정하고, 1977년 3월 8일 특정해 세계 여성의 날로 공식 지정되기에 이르렀다. 대한민국 역시 제5 공화국 시절이던 1985년부터 공식적으로 3월 8일 여성의 날을 공식적으로 기념하기 시작됐는데, 2018년 2월 20일 여성의 날을 법정 공휴일로 지정하는 내용의 「양성평등기본법」의 일부 개정안이 국회에서 통과되면서 법정 기념일인 여성의 날로 공식 지정됐다. 과거와 달리 여성의 사회적 지위와 인격적 가치 등이 향상되고 있음에도 여전히 각종 성차별을 비롯해 여성 증오범죄 등이 끊이지 않는 전 세계적 동향이 계속되는 현실이지만, 스포츠만큼은 성(GENDER) 차별과는 거리가 먼 듯하다. 여성팬들의 폭발적인 증가에 여성 대상의 스포츠 MD 상품 및 굿즈 발행 등이 여성 소비자들의 구미를 절로 돋구게 하고 있고, 장내 스케치북과 응원 피켓 제작 등을 통해 기발한 아이디어로 선수 및 팀에 아낌없는 응원을 보내는 것도 마다하지 않는다. 저마다 스포츠를 좋아하게 된 요인, 배경 등이 천차만별과도 같지만, 남성들의 전유물로만 여겨졌던 스포츠에 대한 인식과 가치 등을 긍정적으로 변화시켰다는 부분은 분명 스포츠가 주는 사회적 가치를 더 드높였다는 평가가 아깝지 않다.

따스한 봄날과 함께 잠실학생체육관 주변에도 각종 꽃들이 하나 둘 만개하는 모습을 보니 체육관 장내가 뜨거울 것이라는 설렘을 더욱 갖게 했다. 아니나 다를까 설렘은 곧 흥분으로 변화됐다. 체육관 내 여성팬들의 기발한 응원 문구 제작과 열성적인 몸짓 등이 체육관 에너지 레벨을 높였고, 이에 부응이라도 하듯 양 팀은 시원시원한 공격력으로 경기를 쫄깃쫄깃하게 만들었다. SK는 김선형과 자밀 워니의 '원-투 펀치'가 팀의 코어를 견고하게 책임지면서 허일영, 최부경의 득점 지원이 적절히 이뤄졌고, KT 역시 재로드 존스와 데이브 일데폰소, 양홍석, 하윤기의 내 외곽 득점이 불을 뿜으면서 SK에 맞불작전을 폈다. SK는 EASL(동아시아슈퍼리그) 출전에 따른 피로도가 선수단 전체에 고스란히 남아있는 와중에도 김선형과 자밀 워니를 필두로 KT 수비를 무너뜨리며 내공의 위엄을 뽐냈고, KT는 하윤기의 보드 장악과 존스, 일데폰소, 양홍석의 외곽포가 폭발하며 장군멍군을 불렀다. 4쿼터 막판까지 꺼질 줄 모르는 화력에 팬들의 엔도르핀은 더욱 높았고, 특히 여성팬들의 열성적인 응원은 장내 분위기를 한껏 고취시켰다. 응원팀이 득점할 때마다 뿜어져 나오는 환호성은 체육관의 뜨거운 열기에 그대로 흡수됐고, 작전타임을 이용해 진행된 응원 음악에 다양한 춤사위와 동작 등으로 멋지게 화답하며 각자 팬심을 증명했다. 빠르고 격렬한 농구라는 종목의 묘미에 여성 팬 데시벨의 폭발이 적절히 어우러진 콜라보레이션이 아닐까? 그러면서 쫄깃쫄깃한 레이스의 향방이 가늠되기 어려운 것은 자연스러운 수순이었다. 치열한 명승부의 완성이라는 퍼즐까지 제대로 끼워 맞춰진 이날 매치업은 4쿼터 막판 SK의 집중력에 조금씩 SK 쪽으로 기울었다. SK는 89:88로 앞선 4쿼터 막판 김선형의 결정적인 3점 슛이 터져 나오며 KT에 기름을 쫙 부었고, 공-수 양면에서 집중력 싸움의 우위를 잃지 않으며 어렵사리 승리의 미소를 지었다. 28승 18패로 단독 3위에 오르면서 2년 연속 봄농구 초대장을 부여받은 SK의 승리를 이끈 주 요인은 팬들, 즉 여성팬들에 있지 않나 생각된다.

이날도 잠실학생체육관에 많은 여성팬이 운집했는데 1쿼터 10여 점 열세를 접전으로 끌고 갈 수 있었던 주 요인이 SK 선수들의 화끈한 공격력과 김선형의 현란한 테크닉 등에 목청껏 데시벨을 높인 여성팬들의 열성적인 응원이지 않을까 싶다. 이는 EASL 출전에 따른 강행군에 에너지를 끓어오르게 하는 촉매제였고, 스케치북과 종이코팅 등을 이용한 응원 문구도 팀과 선수 개개인에 큰 버팀목이 됐다. 이어 전반 작전타임과 하프타임 등에 이뤄지는 각종 이벤트에 여성팬들의 적극적인 참여가 SK 기업이 추구하는 '스포테인먼트' 구현을 장내 퍼뜨렸고, 저마다 구매하거나 새로 구매한 유니폼과 굿즈 착용 등으로 여가 생활과 소비의 결합을 이끌어냈다. 여성의 날에 최고의 명승부로 좋은 서비스를 제공한 SK와 KT가 보여준 퍼포먼스는 여성의 간접적인 스포츠 참여를 관람으로 승화시킨 순기능 중 하나였고, 남성들 못지않은 응원 에너지와 데시벨 등 역시 스포츠 관람 앞에는 모두가 동등하다는 것을 몸소 보여줬다. 취업 시장이든, 일상 생활이든 온갖 요소들에 의해 여성에 대한 차별이 날이 갈수록 심화 되는 현실에 여성 대상의 범죄, 사고 등이 사회적으로 심각하게 대두 되고 있지만, 스포츠 관람을 통해 '성 차별'을 해소한다면 현대인들이 주장하는 양성 평등에 한 줄기가 되지 않을까?

밑바닥이라도
동기부여는 잃으면 안 된다!

– 2023년 3월 10일 잠실실내체육관

세상에 영원한 것은 없다. 제아무리 승승장구를 하던 사람들과 단체라고 한들 언젠가는 내려옴이라는 단어를 피할 수 없는 것이 불변의 진리다. 이때 밑바닥을 향하는 이유도 다양하다. 조직 이미지, 공인 신분 등을 망각한 나머지 온갖 사건사고로 개인 및 조직의 이미지 훼손을 불러오는 경우가 적지 않고, 여기서 나오는 구설수와 인식 등도 모두를 고독하고 괴롭게 만든다. 이어 계속된 사업 실패와 취업 실패 등으로 인한 육체 정신적 고통이 우울증과 대인기피증 등을 고착화하게 만들고, 시대, 사회적 변화의 부적응과 주변인들과 갈등 등 역시 밑바닥 추락을 야기한다. 이게 너무나 빠르게 사회가 급변한 대한민국 사회의 서글픈 자화상이지 않나 싶다. 스포츠라고 밑바닥이라는 단어에서 예외가 될 수 없다. 좋은 결과물을 이끌었던 팀과 선수들이 한 번 밑바닥을 찍기 시작하면 회복하는 데 상당한 시간이 소요되고, 밑바닥 추락에 대한 상실감과 괴로움 등이 육체　정신적 스트레스를 키우면서 본래 가지고 있는 특색마저 퇴색시키곤 한다. 올라서기 위해 잘 풀렸을 때 활용하던 방법을 활용하거나 새로운 방법을 채택하면서 돌파구 마련을 모색하지만, 밑바닥을 찍으면서 쌓인 패배주의와 자신감 결여 등이 늘 발목을 잡다 보니 힘겨운 나날이 거듭된다. 정글과도 같은 스포츠 세계에 생존 경쟁에서 낙오는 선수로서 가치 하락, 폼 저하 등의 역기능을 불러오고, 팀적으로 봐도 계속된 하위권 이미지의 'DTD(Down Team is Down)', '자판기' 등의 조롱 섞인 언어가 뒤따른다. 물론 비시즌과 시즌을 가리지 않고 열심히 땀방울을 쏟아내는 부분에 있어 눈가에 전의가 불타오르게 하지만, 고착화된 밑바닥의 이미지, 위치 등이 선수 개개인과 팀 전체, 응원하는 팬, 소속 출신 인물 등에게는 몸으로 겪고 바깥으로 체험하는 것이 쓰리고 시리다. 프로농구 삼성 썬더스의 최근 동향이 그래서 안타깝다.

최근 드래프트 1순위 지명권을 2020년 차민석, 2021년 이원석으로 채웠음에도 이들의 육성 방향성의 미진함, 팀 시스템 부재 등이 중　장기적 비전 확립에 마이너스를 불러오는 모양새고, FA 시장에서 전력 보강마저 여의치 못하면서 나머지 팀들과 전력 차 절감을 피부로 와 닿게 한다. 가뜩이나 허약한 뼈대에 뼈대를 채워줄 인물들을 수혈하지 못하다 보니 성적표가 바닥을 향하는 것은 어쩌면 당연하고, 이번 시즌 역시도 핵심 선수들의 '부상 도미노'가 끊이지 않으면서 초반 분전의 희망이 꺾여버렸다. 팀 역대 최초 2년 연속 최하위의 달갑지 않은 역사가 목전에 오면서 프로농구 최초 6년 연속 봄 농구 탈락이라는 불명예로 함께 연결되는 등 추운 봄날의 연속이다. 하지만 봄농구의 희망은 사그라들어도 변하지 않는 것이 하나 있다. 바로 동기부여다. 기쁠 때나 슬플 때나 팀의 모든 희로애락을 함께하는 팬들의 성원과 사랑 등에 보답해야 하는 사명은 선수단의 에너지 레벨 충전, 결속력 확립 등을 동시에 지탱해 준다. 그러면서 동기부여가 자연스럽게 생성된다. 이러한 동기부여는 한 팀의 구성원으로서 직업윤리와 직업적 가치 구현 등에 지대한 영향을 미치며, 이전보다 하나라도 좋아지는 모습을 보여줄 때 팬들에게 다음을 위한 희망을 노래하게 만들기도 한다. 이게 프로페셔널의 주 의의기도 하다.

선두 KGC인삼공사를 잠실로 불러들인 삼성의 이날 상황은 썩 좋지 않았다. 최근 5연패의 늪에 다시금 빠져있는 와중에 다랄 윌리스가 부상으로 빠지면서 앤서니 모스가 윌리스의 몫까지 짊어져야 하는 부담을 안게 됐고, 거듭된 연패로 가라앉은 분위기 역시 시즌 막판 동기부여 확립의 어려움을 가중시키는 요소였다. 시즌 중반부터 팀 전체를 덮친 부상 악령이 막판까지 집요하게 발목을 잡는 나머지 이원석, 김승원 등 국내 빅맨 자원들의 부담감은 커졌고, EASL 정상 제패로 분위기가 고조된 선두 KGC인삼공사의 공-수 짜임새를 제어하는 부분 역시 여간 부담스러운 요소가 아니었다. 이날 경기 전 KGC인삼공사 '캡틴' 양희종의 은퇴 기념 꽃다발을 전달하며 남다른 동업자 정신을 뽐낸 삼성이지만, 레전드 예우와 승부는 역시 별개의 일이었다. KGC인삼공사가 EASL 출전 피로도와 오마리 스펠맨의 결장이라는 이중고에도 대릴 먼로와 변준형이 팀의 코어를 잘 잡아주면서 삼성의 내·외곽 수비를 흔들었고, 렌즈 아반도가 내·외곽을 가리지 않고 폭발적인 득점포를 쏘아대며 리드를 쥐었다. EASL 출전 피로도와 외곽슛 난조 등에 아랑곳하지 않고 공격 효율을 잘 가져가며 선두팀의 위엄을 뽐냈다. 삼성도 앤서니 모스가 인사이드에서 고군분투하며 KGC인삼공사에 으름장을 놓고, 루즈볼 경합에서 열정과 투지 등을 잃지 않으며 연패 탈출에 대한 열망을 표출했다. 전반은 대릴 먼로와 변준형의 예리한 움직임, 렌즈 아반도의 폭발력 등이 조화를 이룬 KGC인삼공사가 43:36, 7점 차 리드로 마무리했으나 다렐 윌리스의 공백에도 홈팬들 앞에서 투지와 전투력 등을 불태운 삼성의 나쁘지 않은 흐름도 후반을 분명 기대케 하는 대목이었다. 7점 차는 순식간에 뒤집히는 농구라는 스포츠의 특성과 함께 후반 경기 분위기가 급격히 요동쳤다. 삼성이 모스의 보드 장악이 호조를 보이면서 장민국, 신동혁, 이정현 등의 외곽 지원이 덩달아 가미됐고, 제공권 싸움의 우위와 투지 넘치는 플레이 등을 바탕으로 KGC인삼공사의 발놀림을 둔화시키며 경기를 뒤집었다. 삼성의 후반 반격에 공-수 집중력이 급격히 흔들린 KGC인삼공사는 먼로와 변준형, 아반도 등을 필두로 전열 재정비에 열을 냈고, 체력적인 부담에도 삼성을 물고 늘어지며 막판 리드 체인지를 이끌어냈다. 자연스럽게 후반 막판 레이스의 향방은 안갯속으로 치달았다. 후반 막판 사소한 플레이, 턴오버가 승부를 바꿔버리는 시점에 두 팀 모두 공격 효율성 구현에 안간힘을 썼지만, 삼성의 집중력이 선두 KGC인삼공사를 앞질렀다. 80:79, 1점 차의 긴박한 상황에 경기종료 7초 전 이정현이 상대 파울에 의한 자유투 2개를 모두 성공시켰고, KGC인삼공사 마지막 공격을 효과적으로 제어하며 연패 탈출의 미소를 지었다. 세상만사 아무리 어렵고 괴롭더라도 죽으라는 법은 없다는 말이 있듯이 계속된 연패와 부상 악령 등의 악재에도 홈팬들 앞에서 연패를 필히 끊겠다는 동기부여는 선두 KGC인삼공사를 맞아 '자이언트 킬링'을 이끄는 밑천이 됐고, 윌리스의 공백에도 나머지 선수들을 필두로 투지와 전투력 등을 잘 유지하며 홈팬들의 성원에 멋지게 화답했다. 이처럼 시즌 최하위와 봄농구 탈락 눈앞 등의 절망적인 상황 속에서도 프로페셔널함을 잃지 않는 열정은 더 나은 내일을 위한 큰 자양분과도 같고, 응원과 성원 등을 아끼지 않는 팬들에 보답한다는 일념 또한 마지막까지 하나라도 얻어가는 과정의 일부분이다.

밑바닥에 있으면 동기부여가 자연스럽게 상실될 수밖에 없다. 무슨 일을 하든 자포자기하거나 스스로를 깎아내리거나 등 살아가는 부분에서 동기부여를 잃는 경우가 수두룩하다. 이게 가정이든, 직장이든, 대인관계에서든 모든 면에서 해당하는 부분이다. 그러나 아무리 밑바닥에 있더라도 동기부여를 잃어서는 절대 안 된다. 현대인들 모두 소중한 생명체로 세상에 나오면서 일생을 살아가고 있는 동물이기에 밑바닥 생활로 다져진 경험과 내공 등을 토대로 올라설 수 있는 동력을 마련한다면 그 과정 자체가 더 큰 동기부여가 될 수 있기 때문이다. 또, 밑바닥에 있다고 해서 영원한 밑바닥은 절대 아니다. 삶이란 어차피 오르막 내리막이 가파른 롤러코스터와도 같은 것이기에 밑바닥 위치에 있다고 한들 그 안에서 무언가를 얻어갈 수 있다면 밑바닥을 딛고 오르막을 향할 때 내 외면의 단단함을 더욱 입혀준다. 물론 시행착오는 분명하게 존재하나 이 역시 하나의 과정이다. 어차피 한 개인이든 조직이든 응원과 성원 등을 한결같이 아끼지 않는 지지자들이 존재하기에 밑바닥이라는 단어를 너무 고착화하지 않았으면 좋겠다. 그리고 외부 시선을 지나치게 의식하지 않는 것이 중요하지 않을까 생각된다. 외부 시선에 너무 집중하다 보면 정작 굵은 땀방울을 쏟아내면서 쌓아온 탑마저 흔들릴 수 있으니까.

박수 칠 때
떠나라

– 2023년 3월 26일 양희종 은퇴식

　　"박수 칠 때 떠나."라는 말이 있다. 어느 분야에서 부와 명예 등을 동시에 움켜쥐며 성공적인 커리어를 쌓은 이들이 화려했던 전성기를 뒤로하고 쇠락기에 접어들 때 미련 없이 자신의 커리어를 마감하는 것을 얘기한다. 우리는 이러한 인물들에 아낌없는 박수갈채를 보낸다. 세상만사 영원한 것은 없다. 제아무리 화려한 커리어를 쌓았어도 언젠가는 자리에서 내려올 수밖에 없는 것이 세상만사 불변의 진리다. 그렇기에 이 부분만 놓고 보면 생각나는 구절이 있다. 바로 시 「낙화」의 한 구절이다. "가야 할 때가 언제인지 알고 떠나는 것이 얼마나 아름다운가". 시 구절이 현대인들의 가슴을 뭉클하게 만들지 않는가? 커리어 말년에 후배들을 위해 자리를 물려주면서 가지고 있는 노하우와 경험 등을 전수하고 클로징을 깔끔하게 하는 인물들의 모습은 시 구절 그대로 박수가 절로 나온다. 금전적인 부분, 일적인 부분 등 저마다 각기 다른 요인 속에서 개인의 욕심에 의해 박수받을 수 있는 찬스를 걷어차는 이들이 비일비재한 현실을 감안하면 쉽지 않으면서도 굉장히 용감하고 멋있다고 칭해도 손색없다. 거리에 벚꽃들의 만개 속도가 더욱 빨라지는 3월 말(전국적으로 벚꽃 만개 시기는 확연히 다르다. 기후, 환경 등의 영향이 있다.) 안양으로 발걸음을 향했다. 매번 오는 안양이지만, 지구촌 기상 이변으로 인해 3월 말임에도 초여름을 방불케 하는 더위가 기승을 부린 날이기도 하다.

어느덧 정규리그도 종착역이 보이는 시점이다. 이날은 KGC인삼공사의 정규리그 마지막 홈경기날이다. 그런데 마지막 홈경기의 상징성이 남다르다. 바로 KGC인삼공사 영원한 '캡틴' 양희종의 은퇴식이기 때문이다. 대개 스타플레이어들이 많은 팬의 열혈한 성원 앞에서 성대한 은퇴식을 치르게 되는데, 경기 전부터 많은 팬이 양희종의 은퇴식을 지켜보기 위해 체육관에 대거 운집하며 무대의 상징성을 빛냈다. 마침 판을 더 키운 소식이 경기 전 들려왔다. 바로 LG가 SK에 패하면서 KGC인삼공사의 '와이어 투 와이어(골프에서 1라운드부터 최종 라운드까지 쭉 선두로 정상에 오른 것을 빗대어 일컫는다.)' 정규리그 우승을 차지하게 된 것. EASL 이후 3연패로 LG의 거센 추격을 받으면서 뒤집힐 위기가 스멀스멀 흘러왔지만, 전열을 재정비하면서 귀한 승리를 낚은 끝에 정규리그 챔피언의 퍼즐을 끼워 맞출 수 있었다. 연세대 시절까지 팀의 주포로 활약하며 공격적인 부분에서 남다른 면을 보이다 2007년 프로 입단 후 화려함보다 수비에 많은 기여도를 세우면서 리그 최고의 수비수로 거듭난 그의 진면목에 KGC인삼공사는 포스트시즌 팀 캐치프레이즈를 LAST DEFENCE 로 내걸며 '원 클럽맨'의 마무리를 더 빛내줬다. 공격에 모든 스포트 라이트가 집중되는 스포츠의 풍토에 수비도 충분히 공격 못지않게 박수받을 수 있다는 것을 몸소 보여준 양희종의 열정과 투지는 소속 팀 KGC인삼공사와 국가대표 모두에 엄청난 자산이 됐고, 리더로서 리더십과 경험 등 역시 자라나는 후배들에 크나큰 귀감이 된다. 대 개 화려함만 보고 그 사람의 모든 것을 평가하는 현실에 화려함을 버리고 내실을 추구하면서 팀과 개인의 가치를 높이는 양희종의 진 면목은 현대 사회의 모든 조직, 구성원 등에게도 울림을 준다. 더군 다나 현대 사회가 개인주의의 만연화와 함께 실적 쌓기, 부 쟁취에 수단과 방법을 가리지 않는 풍토가 나날이 심화되고 있음을 고려하 면 더 그렇다.

이날은 KGC인삼공사와 DB의 시즌 마지막 매치업이 아닌 오로지 양희종의 은퇴식에 시선이 고정된 날이다. 몸을 사리지 않는 투지와 파이팅 등으로 수비에 엄청난 에너지 레벨을 심어주면서 큰 경기에 는 순도 높은 공격력으로 팀에 힘을 보태는 공헌도는 KGC인삼공사 의 살아있는 심장과도 같았다. 2010년대 이전까지 중위권 이미지가 짙었던 KGC인삼공사가 2010년대 이후 대권을 넘볼 수 있는 위치에 도달할 수 있었던 것도 양희종의 역량이 절대적임을 부정하기 어렵 고, 팬들에게도 절대적인 지지와 성원 등을 한몸에 받는 씨앗이 됐다. 사실 궂은 일은 현대 사회에서 누구도 하기 싫어하는 영역이다. 보이는 역할에 치중하면서 본인의 출세와 부, 명예 등의 쟁취를 이루고 싶어 하지 보이지 않는 영역에서 희생과 헌신 등을 절대 꾀하지 않는다. 이는 21세기를 넘어서면서 더 고착화되고 있으며, 조직 문화는 물론, 개인 가치관 형성 등에도 적지 않은 장애물이 되고 있다. 하지만 양희종의 경우는 다르다. 피라미드 구조 속에서 롱런을 위한 생명줄로 수비와 궂은일 등을 택하면서 팀 내 입지를 꾸준하게 다져나갔고, 온몸이 성치 않음에도 엄청난 투지와 파이팅 등으로 경기 분위기를 바꾸는 숨은 '게임 체임저'의 면모도 어김없이 드러난다. 실제로 농구라는 스포츠에서 수비와 리바운드 등으로 경기 분위기가 반전되는 경우가 허다한데 KGC인삼공사가 줄곧 상위권을 유지하는 과정에서 양희종의 이러한 롤은 팀 공격적인 부분까지 극대화하는 일거양득을 얻었다.

'캡틴'의 은퇴식에 KGC인삼공사 선수들은 이날 모두 '캡틴 데이' 기념 유니폼을 착용하며 성대한 행사의 서막을 보기 좋게 열어줬고, 상대팀인 원주 DB의 배려로 하프타임이 평소보다 5분 늘어난 20분이 된 점 역시 은퇴식의 품격을 더해줬다. 하프타임 KGC인삼공사 측의 기념패 수여와 함께 은퇴식 행사가 본격적으로 진행됐다. 장내 전광판에 어린 시절부터 영상이 쫙 전파되기 시작하면서 팬들의 눈가는 하나둘 촉촉해졌고, 팀의 레전드이자 상징을 떠나보내야 한다는 아쉬움의 농도도 짙어졌다. 그렇게 어린 시절 영상이 지나가면서 팬들의 박수갈채는 더 커졌고, 이 안에는 그간 팀을 잘 이끌어준 고마움, 정든 코트를 떠나야 하는 아쉬움, 열혈한 응원에 대한 행복감 등의 다양한 요인들이 함축 내포되어 있지 않나 싶다. 그렇게 행사가 무르익을 찰나에 장내가 술렁였다. 바로 그룹 '위너'의 가수 강승윤이 양희종의 은퇴 축하를 위해 현장을 찾은 것. 예상치 못한 강승윤의 등장에 장내 관중들은 모두 아낌없는 환호성을 질렀고, 마침 강승윤의 작사, 작곡 곡인 「캡틴」 열창이 장내를 수놓으며 무대는 더 진하게 물들여졌다. '캡틴'의 하이라이트 시그니처인 경례 세리머니에 선수단과 강승윤 모두 멋지게 화답했고, 레전드의 마지막을 화려하게 장식시켜주려는 KGC인삼공사의 노력과 자세 또한 만점이었다. 이게 바로 성공적인 '윈-윈'이 아닐까. 전광판 영상 송출로 메시지를 전송하는 것이 아닌 바쁜 스케줄 속에서도 은퇴 기념을 위해 흔쾌히 발걸음을 향한 강승윤에게도 양희종 못지않은 환호성이 나오는 것은 어쩌면 당연하다. 그렇게 강승윤의 축하 공연이 끝나고 양희종의 은퇴사 낭독이 시작됐다. 사실 사람이 하던 것을 내려놓는다는 것은 그리 간단하지 않다. 특히나 운동선수들이라면 더 그렇다. 어린 시절에나 할 수 있는 수학여행, 소풍 등은 이들에게 먼 나라 이야기와 마찬가지였고, 대학 진학 후에도 MT와 미팅 등의 캠퍼스 생활 역시 사치에 가까웠다. 분명 한 인격체로 세상에 나오면서 남들과 같은 소소한 낭만을 누리지 못한 것은 분명 아쉬움으로 남을 수 있다. 그러나 직업 선수라는 확실한 지향점이 대개 운동선수들의 땀과 노력을 재촉하지 않나 싶다. 부와 명예 쟁취를 위해서, 가족의 행복을 위해서, 좋아하는 것을 직업으로 남는다는 행복을 위해서 등의 요인들이 외길 인생으로 인도하는 주 잣대다. 그런데 이 모든 것을 내려놓을 때는 아쉬움과 후련함 등이 공존할 수밖에 없다. 처음 운동의 길로 들어섰을 때 설렘을 시작으로 동료들과 함께 땀 흘리며 좋은 추억을 쌓은 희열, 부상과 부진 등의 요인으로 힘겨운 나날을 보내던 세월 등이 주마등처럼 스쳐 지나갈 때는 눈물이 왈칵 쏟아지기도 하고, 신체적 변화와 세월의 흐름 등과 마주할 때는 은퇴 대비를 하나둘씩 진행하면서 나름의 인생 설계를 구상하는 모습에서 현역 미련을 지우기에 나선다. 더군다나 운동선수들이 타 직종에 비해 은퇴 시기가 굉장히 빠른 편이라 은퇴사 낭독을 들을 때 많은 이들의 감정이 뭉클함을 가져오고, 자신을 응원하고 뒷바라지를 아끼지 않아준 가족들의 생각이 떠오를 때는 눈물샘이 더욱 폭발한다. 가족들과 많은 팬이 지켜보는 앞에서 은퇴사 낭독까지 쭉 진행되던 찰나에 팬들의 향수를 불러오게 만든 장면이 연출됐다. 상대팀 DB 선수단 대표로 박찬희가 양희종에 기념 꽃다발을 전달한 것이다.

갈수록 낭만이 없어지는 세상에 10여 년 전 결성된 '인삼신기'는 KGC인삼공사 팬들뿐만 아니라 농구팬들에게도 크게 회자된다. 양희종, 김태술(現 SPOTV 해설위원), 박찬희, 오세근, 이정현(삼성)을 두고 '인삼신기'라는 수식어가 붙었는데 수려한 외모에 빼어난 실력까지 더해진 이들의 결성은 NBA에서나 볼법한 하나의 '슈퍼팀'으로 부족함이 없었다. 당시 젊고 혈기왕성했던 이들을 필두로 KGC인삼공사는 2011-12 시즌 창단 첫 챔프전 챔피언 타이틀을 거머쥔 것은 물론, 많은 여성팬을 두루 확보하면서 팬덤 확대의 효과를 제대로 누렸고, 이들 역시도 챔피언 타이틀을 토대로 기량과 경험 등이 무르익으면서 정상급 스타플레이어로서 입지를 탄탄히 다져나갔다. 이후 샐러리캡에 의해 하나둘씩 둥지를 옮기면서 '인삼신기'가 해체되는 결과를 가져왔지만, 영광의 순간을 함께했던 팀 동료가 적이 되어 코트에 마주하면서 은퇴 기념을 함께하기 위해 자리에 있다는 자체만으로도 그 역시 의미 있는 일이다. 제아무리 현대인들에게 은퇴는 언젠가 마주하게 될 숙명과 같다고 해도 과거 함께했던 동료들에게 축하받지 못하고 은퇴하는 인물들이 비일비재, 아니 절대다수임을 감안하면 팬들, 동료들로 하여금 잠시나마 타임머신을 타고 과거를 추억하는 부분은 삶을 추억하는 데 있어 하나의 지표다. 그리고 옛 동료들의 축하는 은퇴 때 너무나 고맙게 느껴진다. 이게 단순히 한 공간에서 오랜 세월을 동고동락한 것으로 끝나는 것이 아니라 사람 대 사람의 관계에서 신뢰, 믿음, 품위 등의 박자가 맞아야 가능한 부분이고, 서로의 존재와 가치 등도 인정해 줘야 함이 당연하다.

최근 직장 내 괴롭힘, 왕따 등이 사회적으로 크나큰 이슈가 되고 있는 상황에 직장 동료가 가까운 관계로 발전되는 것은 굉장히 어렵다. 대한민국 조직 문화가 수직적이고 폐쇄적인 부분의 영향도 있겠지만, 개인주의로 변질된 사회적 풍토, 비즈니스 관계의 스트레스 등이 내·외면으로 현대인들의 발목을 붙잡는 영향이 크다는 사견이다. 그렇게 놓고 보면 운동선수로서 팀 동료와 관계는 좁디좁은 스포츠판의 특성과 함께 동고동락하면서 쌓은 세월과 추억, 경험 등이 한데 어우러지면서 형성된다고 해도 과언이 아니다. 아니 가족보다 더 많이 얼굴을 마주하는 관계이기에 어쩌면 당연하다고 볼 수 있다. 팀 동료와 좋은 관계는 경기 내·외적으로도 한 인간으로서 발전하는 데 디딤돌이 되며, 기쁠 때나 슬플 때나 서로를 위로하고 축하하는 인생의 동반자로 아름답게 발전되는 효과를 가져온다. 그런 면에서 이날 양희종의 은퇴식을 보면 팀의 리더로서, 농구선수로서 많은 이들에게 인정받는 것이 얼마나 멋있고 위대한가를 그대로 보여준다. 누군가가 인정해주길 바라는 것이 아닌 진정성을 가지고 무언가 일에 충실하면서 본연의 가치를 표출할 때 비로소 타인들도 그 사람을 인정해 주고 치켜세우게 된다. 그러면서 훗날 한 개인의 인생, 팀의 역사 등이 쭉 이어질 때 더 큰 향수와 추억을 불러오지 않을까 생각된다. 성대했던 은퇴식의 뒤를 이어 영구결번식도 함께 진행됐는데, 체육관 상단 영구결번 배너가 쫙 걸리는 광경이 너무나 멋지게 펼쳐졌다. 영구결번은 곧 레전드를 떠오르게 하는 숫자이기도 하지만, 그 팀 하면 레전드의 이름이 딱 떠오르게 할 만큼 팬과 선수단, 주변 동료 등 모두에게 상징적인 의미가 남다르다. 비즈니스 세계인 스포츠의 세계에서 선수들의 이적은 매년 팀에게 연례행사처럼 이뤄진다고는 해도 유독 최근 핵심 자원들의 이탈이 빈번했던 KGC

인삼공사였기에 팀의 '원 클럽맨'이자 '레전드'를 향한 예우를 영구결번 지정으로 해준 부분은 핵심 자원들 연이은 이탈로 상처가 가득했던 KGC인삼공사 팬들에게도 자긍심을 심어주는 것은 물론, 팀을 응원하는 데 있어 하나의 낭만을 불러오기에도 전혀 부족함이 없다. 프로야구와 프로농구에서 영구결번이 주로 리그에서 화려한 업적 쟁취, 공격 지표의 우월함, 팀 역사 지탱 등의 노고를 인정받으면서 지정되는데 화려함이 아닌 실리를 추구하면서 10여 년이 넘는 기간 동안 프로 무대에서 영역을 가꿔온 양희종의 영구결번 지정은 이전 영구결번과는 분명 차별성이 있다고 보는 이유다.

은퇴식과 영구결번 지정식의 여운을 뒤로하고 다시 코트의 뜨거운 열정과 투혼 등이 펼쳐지게 됐고, 4쿼터 막판 장내 기립박수 갈채가 쏟아졌다. 4쿼터 경기종료 52초 전 양희종이 코트에 들어서게 된 것이다. 정규리그 챔피언 타이틀 쟁취는 확정됐지만, 코트 안에서 기쁨을 나누는 것과 바깥에서 기쁨을 나누는 것의 온도 차는 아무래도 분명하다. 이를 감안해 KGC인삼공사 코칭스태프는 52초 전 양희종을 투입하며 챔피언 기쁨을 코트에서 누리도록 배려를 아끼지 않았다. 이날의 주인공인 양희종에 대한 예우를 행동으로 보여준 KGC인삼공사 코칭스태프의 품격은 배려, 존중 등의 합작품이라고 해도 과언이 아니었고, 양희종 역시 남은 시간 코트 안에서 동료들과 함께 정규리그 챔피언 피날레를 멋지게 장식하며 은퇴식, 영구결번식의 가치 또한 더욱 드높였다. 올 시즌을 끝으로 은퇴를 선언하겠다고 일찍이 공표를 내리면서 현역 생활의 피날레를 하나둘 준비하던 찰나에 2018-19 시즌부터 막판 팀의 주 이벤트로 떠오른 마지막 '캡틴 데이'까지 팬들을 향한 서비스를 확실하게 했고, 구단 역사상 첫 영구결번자로 지정되면서 팀과 KBL 역사 한 페이지 또한 멋지게 장식하는 것은 보너스였다.

많은 팬과 가족, 옛 동료 등 앞에서 화려한 은퇴식과 영구결번식을 동시에 진행한 양희종의 발자취를 보면 박수 칠 때 떠나는 것이 얼마나 멋있고 가치를 높이는 일인지를 몸소 깨닫게 해줬다고 해도 과언이 아니고, 화려함이 아닌 내실을 택하면서 질긴 생명줄을 보여온 에너지와 투혼 역시 현대 사회를 살아가는 현대인들이 다양한 구조, 관계, 환경 등과 마주하면서 무언가를 내려놓을 때 너무 지나친 욕심에 눈멀어 정작 이도 저도 아닌 결과물을 가져오는 경우가 많다는 점에서도 시사점이 있다고 본다. 무슨 일을 하든, 무슨 관계를 맺든 본인이 그만 정리해야겠다는 계산이 섰을 때 이를 실행하는 것이 멋있고 박수받는 것이다. 그게 바로 본인을 향한 타인의 인정, 존중 등이 가미되면서 영향력을 보여주는 요소가 아닐까?

마라톤의 끝,
마지막까지 최선을 다해야 한다!

– 2023년 3월 29일 잠실

흔히 페넌트레이스는 마라톤에 비유한다. 42.195km의 마라톤처럼 기나긴 레이스에서 수많은 돌발상황과 변수 등이 늘 도사리고 있는데, 이에 대한 대처가 잘 이뤄진 팀들이 페넌트레이스에서 비로소 미소를 짓는다. 물론 스포츠에서 1인자만 기억되는 가혹함이 숨어있다고 해도 포스트시즌에 초대장을 부여받은 것만으로도 초대받은 팀의 시즌 평가할 때 '절반의 성공'으로 칭하거나 기대 이상의 성공 등이라고 칭한다. 그러나 세상만사 모든 일에 100% 만족은 없는 법. 프로농구도 마찬가지다. 어느덧 정규리그 마지막만을 남겨놓고 있는 상황에 5개월여의 페넌트레이스가 너무나 순식간에 지나간 느낌이다. 이미 정규리그 챔피언 팀은 결정됐지만, 결정되지 않은 하나가 존재했다. 다름 아닌 4강 플레이오프 직행 탑승권이다. 4강 플레이오프 직행의 상징성은 두말하면 잔소리에 가깝다. 정규리그 선두와 마찬가지로 정규리그 종료 직후 2주간 충분한 회복기를 거치고 레이스를 맞이하게 되기에 체력적으로 메리트가 크다. 그래서 시즌 막판 선두 못지않게 2위 싸움 쟁취를 위한 머리싸움이 치열하게 전개되는 이유다. 3월 29일. 한 해가 벌써 1/4이 흐르는 시점이다. 3월 말임에도 초여름을 방불케 하는 때 이른 더위가 찾아왔다. 갈수록 지구촌 기상이변이 심화되는 현실에 벌써부터 여름 더위를 걱정하는 이들이 많아지는 것 같다. 때 이른 더위를 맞이하게 됐어도 미세먼지 하나 없이 맑은 하늘은 제법 괜찮다. 날짜가 평일이라는 것이 다소 아쉽긴 하지만, 거리에 가득한 벚꽃과 함께 맑은 하늘을 보니 봄기운은 저절로 피부에 와 닿는다. 그렇게 해서 잠실학생체육관으로 발걸음을 향했다.

이날은 SK와 DB의 시즌 최종전이다. 두 팀 모두 최종전에 대한 동기부여가 뚜렷했다. SK는 직전 LG 원정에서 승리를 쟁취했어도 LG에 골득실에서 밀리기에 이날을 무조건 이기고 LG-현대모비스 매치업에서 현대모비스가 승리를 쟁취하길 바라는 상황이고, DB 역시 캐롯의 임금 체불 논란으로 7위가 PO에 진출하는 초유의 사태로 인해 6강 플레이오프 턱걸이에 대한 희망을 버리지 않는 상황이다. 말 그대로 최종전을 향한 동상이몽이다. 시즌 마지막에 골득실로 인해 희비가 엇갈린 사례들이 이전 종종 발생됐지만, 7위 팀이 6강 플레이오프 어부지리 진출은 역사를 통틀어 없었기에 더 그렇다. 각기 다른 지향점을 마주한 두 팀의 시즌 최종전은 예상대로 초반부터 뜨거웠다. SK는 김선형과 자밀 워니의 '원-투 펀치' 화력이 변함

없는 위력을 나타내며 DB의 '트리플 포스트'를 적극적으로 물고 늘어졌고, DB는 김종규의 보드 장악과 함께 이선 알바노, 정호영의 외곽 서포터가 조화를 이루면서 SK를 괴롭혔다. 초반부터 팽팽한 승부 속에 전반은 43:39, DB의 4점 차 리드로 마무리됐고, 12분 하프타임 이후 속개된 후반전도 일진일퇴의 공방 속에 두 팀 모두 가지고 있는 공격 패턴을 적극적으로 활용하며 점수를 착실히 쌓아 올렸다. SK는 김선형과 자밀 워니의 굳건한 위엄과 함께 최부경이 자밀 워니의 부담을 지워주면서 김종규, 강상재, 레너드 프리먼으로 짜인 DB '트리플 포스트'에 전혀 밀리지 않았고, 최성원과 오재현이 앞선에서 에너지 레벨을 더욱 끌어올리며 본래 리듬을 점차 찾았다. DB는 전반 주춤하던 디존 데이비스와 강상재가 골밑에서 힘을 보태면서 김종규의 체력 부담을 지워줬고, 앞선에서 정호영이 상대 오재현, 최성원의 압박에도 고군분투하며 대등한 승부를 이어갔다. 3쿼터 종료까지 스코어는 64:62, SK의 2점 차 리드. 원 포제션 게임에 집중력이 승부를 가르는 시간이 점점 다가왔다. 승부의 추가 쉽사리 기울어지지 않은 상황이 계속 이어지는 듯했지만, 4쿼터 SK의 고유 특색 극대화가 DB 수비를 붕괴시키며 경기 칼자루를 쥐었다. SK는 김선형이 탁월한 테크닉과 경기운영 등을 토대로 DB 수비를 헤집고 다니면서 팀 공격을 책임졌고, 자밀 워니와 최부경 등의 골밑 득점이 적재적소에 터져 나오며 특유의 빠른 농구가 더욱 빛을 냈다. 리바운드에 이은 속공이 모티브가 되는 SK 특유의 빠른 농구에 DB 수비는 완전히 초토화됐고, 상대 김종규와 알바노를 필두로 한 DB의 공격 발놀림까지 조직적인 수비로 둔화시키며 후반의 강자로서 면모를 어김없이 뽐냈다. DB는 팽팽한 승부 속에 외곽슛이 좀처럼 터지지 않으면서 공격 실타래 마련에 어려움을 겪었고, 야투 실패와 턴오버 등도 쏟아져나오며 경기 리듬마저 끊기는 모습을 나타냈다. 결국 두 팀의 시즌 마지막 매치업은 SK의 86:75, 11점 차 승리로 마무리됐고, SK는 정규리그 마지막 홈 경기에서 기분 좋은 승리로 팬들의 성원에 멋지게 응답했다.

경기종료 직후 시즌 막판이 돼서야 볼 수 있는 광경이 일어났다. 다름 아닌 체육관 내 전광판 경쟁팀 경기 라이브 생중계 송출이다. 두 팀의 시즌 최종전이 LG-현대모비스 매치업보다 조금 이르게 끝났기에 가능한 대목이었다. 이로 인해 SK 홈팬들은 자리를 떠나지 않고 마지막까지 LG-현대모비스 결과에 촉각을 곤두세웠다. 36승 18패로 정규리그를 마무리하게 된 상황에서 2위로 4강 플레이오프 직행 초대장을 받고 안 받고의 차이는 단기전에서 체력적인 부담 등에 있어 너무나 크기에 더 그랬다. 이게 야구에서 시즌 막판 자신이 응원하는 팀이 가을야구 경쟁을 하면 경쟁팀들의 패배 혹은 탈락을 바라면서 그 상대편을 응원하는 것과 같은 맥락으로 풀이가 가능하다. 이를 토대로 자신이 응원하는 팀이 가을야구 초대장을 받거나 좀 더 다가서길 바라는 마음이 더 커진다. 그렇게 SK 팬들이 현대모비스를 응원하는 메아리는 장내를 빠르게 뒤덮었다. 10여 점 차로

LG 리드로 4쿼터 막판을 치닫는 시점에 SK 팬들의 환호와 박수 소리가 베일을 벗었다. 4쿼터 막판 현대모비스가 론제이 아바리안토스가 연이은 3점 슛 2방으로 2분여를 남기고 88:95, 7점 차까지 따라왔기 때문. 2분이라는 시간은 공-수 집중력을 잘 이끌어내면 충분히 뒤집힐 수 있는 점수 차이기에 희망의 끈이 되살아나는 모양새다. 론제이 아바리엔토스의 폭발력이 LG 쪽으로 기울어질 법한 승부를 오리무중으로 향하게 한 좋은 필름이었던 것이다. 장내 긴장 기류는 더욱 절정을 향했고, 두 팀 공격 상황에 대한 희비 역시 시선 고정을 명확하게 했다. 그러나 팬들의 희망과 바람은 잠깐이었다. LG가 론제이 아바리엔토스에게 3점 슛 2방을 내준 이후 이관희가 상대 반칙으로 얻은 자유투 2개를 모두 성공시키며 격차를 다시 벌렸고, 아셈 마레이의 부상 이탈 공백 속에서도 나머지 선수들을 축으로 집중력을 잘 유지하며 경기를 매조지었다. '3월의 기적'을 꿈꾸면서 정규리그 2위 뒤집기를 노렸던 SK의 희망이 산산조각 나는 대목이었고, SK 입장에서는 직전 LG 원정 막판 마무리의 미진함으로 실점을 헌납한 것이 너무나 뼈아프고 뇌리를 아리게 한다. 그러다 보니 골득실 5점 차 열세 부메랑을 낳았고, 정규리그 3위로 6강 플레이오프부터 시작하는 위치에 서게 됐다. DB는 지난 26일 KGC인삼공사 원정에 이어 이날 SK 원정 최종전 패배로 22승 32패를 마크하며 캐롯의 가입금 납입 데드라인인 31일 전후로 6강 진출 여부를 기다려야 하는 웃지 못할 해프닝이 쭉 이어지게 됐다. 시즌 내내 발목을 잡은 '부상 도미노'와 이상범 감독의 사퇴 등 온갖 악재가 끊이지 않았음에도 김주성 감독대행 체제로 팀이 개편되면서 6강 턱걸이 싸움에 열을 냈으나 마지막 원정 2연패가 자력 6위 진입의 찬스를 날려 보낸 격이 됐다.

그래도 두 팀의 동상이몽은 세상만사 많은 울림을 준다고 본다. SK는 시즌 초반 안영준의 군 입대 공백, 최준용의 부상 이탈 등의 악재에도 '위닝 멘탈리티'의 위력을 통해 초반 하위권에 처져있던 순위표를 상위권으로 끌어올리며 '디펜딩 챔피언' 타이틀이 괜히 얻어진 것이 아님을 입증했고, EASL 출전으로 인한 강행군에도 6라운드 전승을 달성하면서 2위 싸움을 오리무중으로 만든 부분도 정규리그 막판 리그의 재미를 돋구는 매개체가 됐다. DB도 시즌 초반 상승세가 2라운드를 기점으로 꺾이면서 순위가 중 하위권으로 밀려났지만, 앞선 2시즌 모두 핵심 자원들의 '부상 도미노'와 막판 뒷심 부족 등으로 탈락의 쓴잔을 들이켰던 아픔의 전투력 승화, 김주성 감독대행 체제로 개편되고 팀이 빠르게 정비되려는 노력을 보인 점에 있어 자그마한 희망의 싹을 트게 하기에 충분했다. 아무리 시작이 미약하다고 해도 변화 속의 시행착오와 돌발 변수 등이 개인과 가족, 조직 등이 살아가는 데 있어 결코 나쁜 것이 아니며, 기존 가지고 있는 부분을 유지하면서 새로운 것을 흡수하고 이를 더 내실 있게 접목시키는 것이 시간이 흐를수록 모두가 좋아질 수 있는 동력이라는 것을 일깨워주지 않나 생각된다. 대개 초반 스타트가 좋지 못하면 각자 추구하는 부분에 있어 조바심, 노파심 등을 내기 마련인데 그럴 필요는 없다. 너무 시간과 속도에만 얽매이면 정작 추후 기본적인 것을 더 크게 놓치게 된다. 그게 나중에 가면 더 큰 노파심, 조바심 등으로 불러오니까. 물론, 시간과 속도가 중요하지 않다는 것은 아니다. 그렇지만 그보다 더 중요한 것은 시간과 속도에 얽매이지 않고 가지고 있는 방향성을 얼마나 실행에 잘 옮기느냐에 있다. 그게 더 큰 기쁨과 발전을 얻는 자양분이 되니까.

5개월의 대장정 그 이후···,
그리고 END

- 2023년 4월 2일~5월 7일

2022년 10월 15일에 개막해 5개월간 총 270경기의 대장정을 마무리한 2022-2023 에이닷 프로농구 정규리그의 기나긴 여운을 느낄새 없이 본격적인 봄의 축제가 찾아왔다. 정규리그 최종전까지 6강 진출 팀이 최종적으로 결정되지 않은 초유의 사태로 많은 팬과 선수단 등이 마음에 크나큰 상처를 받았다. 정규리그 종료 이후 이튿날 고양 캐롯의 KBL 가입금 잔여분 10억 원 납입으로 6강 플레이오프에 나설 팀이 어렵사리 결정됐다. SK와 최종전 직후 원주로 건너가 6강 진출 여부를 숨죽이고 지켜봤던 DB에게는 허탈감을 불러오는 소식이었고, 시즌 내내 가입금 문제로 리그 전체를 어수선하게 만들고 큰 혼란을 불러온 캐롯 사태는 더 이상 일어나서도, 있어서도 안 될 일이다. 회원사로서 본분조차 지키지 못한 회원사에게 신뢰와 믿음 등을 누가 보이겠는가. 벚꽃 만개와 함께 봄의 축제 분위기가 무르익어야 할 상황인데 캐롯 사태의 촌극은 축제의 장에 기름을 붓는 격이나 다름없다.

　6강 플레이오프는 3위와 6위, 4위와 5위가 5판 3선승제로 시리즈를 치른다. 먼저 4위와 5위로 봄 농구의 닻이 오른다. 이번 시즌은 4위 울산 현대모비스 피버스와 5위 고양 캐롯 점퍼스가 첫 테이프를 끊는다. 정규리그 순위를 보듯 현대모비스(34승 20패)가 캐롯(28승 26패)보다 6승을 더 쟁취할 정도로 공-수에서 좋은 전력을 보여줬고, 이우석과 서명진, 론제이 아바리엔토스로 짜인 '99즈'를 필두로 한 역동적인 농구와 특유의 팀워크 등은 현대모비스가 단기전에서 확실하게 믿을 구석 중 하나다. 그럼에도 오히려 두 팀의 상대 매치업은 캐롯이 5승 1패로 절대 우위를 점했다. 현대모비스만 만나면 힘이 펄펄 솟은 캐롯의 강한 자신감과 함께 감독직을 맡은 이래 단기전에서 현대모비스에 단 한 번도 시리즈를 패한 적(2016-17 시즌 4강 3:0, 2017-18 시즌 6강 3:1, 2020-21 시즌 4강 3:0)이 없는 캐롯 김승기 감독의 승부사 기질도 여간 부담스러운 요소가 아니고, 전성현, 이정현이라는 확실한 '원-투 펀치'의 보유도 캐롯의 든든한 무기다. 객관적인 전력은 현대모비스가 우위에 있다고 볼 수 있지만, 종종 업셋이 일어나는 단기전의 특성을 감안하면 이는 무의미한 부분이기도 하다. 4위와 5위가 먼저 시리즈를 치르면 그다음은 3위와 6위가 다른 시드에서 시리즈를 맞이하는데, 3위 서울 SK와 6위 전주 KCC가 창원행을 위해 일전을 벌이게 됐다. 위 매치업은 SK의 우위를 점친 시각이 절대적이었다. 김선형, 자밀 워니의 '원-투 펀치'가

위력적인 데다 공–수 안정감, 경기운영 등 모든 면에 있어 KCC보다 앞선다는 평가다. 그와 함께 '디펜딩 챔피언'의 타이틀로 쌓인 '위닝 멘탈리티'도 팀에 크나큰 자산이고, 큰 경기 경험이 풍부한 베테랑들의 존재도 SK를 든든하게 지탱해 준다. 올 시즌을 앞두고 허웅과 이승현을 데려오고도 부상 악령과 불안한 1번 포지션에 의해 기대치를 밑도는 결과물을 남긴 KCC는 가까스로 6강에 턱걸이한 리듬을 토대로 업셋을 바라보고 있고, 산전수전 다 겪은 전창진 감독의 노련함과 내공 등에 허웅, 라건아, 이승현 등 핵심 자원들의 존재와 경험치 등은 SK에 뒤질 것은 없다.

6강 시리즈를 맞이하는 4팀 모두 저마다 각기 다른 특색을 토대로 4강 초대장 확보에 올인했고, 정규리그와 다른 봄 농구의 열혈한 팬 성원과 응원 열기 등도 크나큰 동기부여다. 그렇게 해서 시리즈의 닻이 올랐다. KCC가 1차전 대패를 딛고 2, 3차전 달라진 경기력을 선보이며 SK의 간담을 서늘케 했으나 SK가 특유의 빠른 농구와 두꺼운 뎁스 등을 십분 활용하면서 3:0 SK의 스윕승으로 싱겁게 마무리됐고, KCC는 1번 포지션의 열세와 체력적인 부담 등을 극복하지 못하면서 일찍이 발걸음을 돌렸다. 그에 반해 현대모비스와 캐롯의 시리즈는 4차전까지 서로 '장군멍군(1, 3차전 현대모비스 승 – 2, 4차전 캐롯 승)'을 부른 끝에 마지막 5차전 울산까지 향하게 됐으나 캐롯의 투지와 집중력이 현대모비스의 패기를 앞지르며 4강 탑승권을 움켜쥐었다. 현대모비스는 인사이드 우위와 '99즈'들의 패기, 넘치는 에너지 레벨 등을 바탕으로 상대 전적 열세 만회에 열을 냈으나 순간적인 집중력 결여와 캐롯의 외곽숫 제어 실패 등이 발목을 잡으면서 아쉽게 보따리를 싸야 했다. SK와 캐롯의 승리로 4강 대진은 KGC인삼공사-캐롯, LG-SK로 완성됐다. 정규리그와 EASL 챔피언의 여운을 살려 내친김에 '와이어 투 와이어' 챔피언의 방점을 찍으려는 KGC인삼공사와 불투명한 앞날 속에서도 불굴의 투지와 질 높은 경기력으로 '감동 캐롯'의 수식어를 붙이게 한 캐롯의 매치업은 전력상 KGC인삼공사의 우위에도 '김승기 더비'라는 상징성이 시리즈의 흥을 더욱 돋웠다. KGC인삼공사를 손바닥 보듯 꿰고 있는 김 감독이 올 시즌 내내 안양 방문 때마다 스토리를 남겼던 만큼 어떠한 결과물이 양산될지에 대한 궁금증이 저절로 증폭됐다. 더군다나 올 시즌 캐롯이 안양 원정에서 모두 패배의 쓰라림을 맛봤고, KGC인삼공사 역시도 체력적인 우위와 실전 감각 부족이라는 양면성이 존재했던 터라 스토리 연출을 위한 충분조건은 다 갖췄다. 세간의 기대와 달리 1차전은 KGC인삼공사가 99:43, 56점 차로 KBL 역대 최다점수 차 승리를 이끌어내며 싱겁게 끝났지만, 2차전은 달랐다. 캐롯이 1차전 패배를 만회하려는 투지와 전투력이 KGC인삼공사 에너지 레벨을 완전히 무력화시키며 89:75, 14점 차 승리로 시리즈 균형을 이뤘고, 기세를 몰아 3차전 역시 1쿼터 초반부터 쾌조의 숫 감각을 자랑하며 '언더독의 반란' 연출 기대감을 부풀렸다. 어쩌면 고양에서 마지막이 될지 모르는 상황에 고양 홈 팬들 앞에서 최고의 서비스를 연출하려는 캐롯의 전투력과 에너지 레벨은 KGC인삼공사 쪽으로 쏠렸던 시리즈를 더욱 흥미롭게 연출해냈다. 하지만 정규리그와 EASL 챔피언 타이틀은 괜히 얻어지는 것이 아니었다. KGC인삼공사는 변준형이 뛰어난 테크닉과 득점력 등으로 팀 화력을 장전하면서 오세근과 오마리 스펠맨 등이 내 외곽에서 득점 사냥에 힘을 보태면서 76:72, 4점 차 승리로 기어이 3차전을 가져왔고, 4차전에서도 체력적인 우위를 토대로 초장부터 캐롯을 쉴 새 없이 몰아치며 89:61 28점 차 대승으로 3년 연속 챔프전 초대장을 품에 안았다. KGC인삼공사는 캐롯의 맹렬한 저항에도 변준형과 오세근, 문성곤, 오마리 스펠맨 등 코어 전력의 견고함과 안정된 팀 경기력 등을 토대로 6년 만에 팀 역대 2번째 통합 챔피언을 향한 여정을 이어갔고, 캐롯은 어수선한 팀 분위기와 안팎의 잡음 등의 악재와 6강 시리즈 5차전 대혈전의 여파에 아랑곳하지 않고 KGC인삼공사를 맞아 특유의 '양궁농구'를 토대로 녹록지 않은 위엄을 다시금 증명했으나 얇은 선수층에 따른 체력적인 부담과 피로도, 객관적인 전력 차 등을 여실히 절감하면서 시즌을 마무리했다. 그러나 캐롯의 투혼은 급여를 제대로 지급받지 못하는 악조건 속에서도 응원해 주는 팬과 지지군 등을 위해 프로로서 직업윤리를 잃지 않는 모습을 보여줬다는 점에서 팬들에 감동을 안겨다 줬고, 앞날이 어떻게 될지 모르는 불분명한 상황에도 해야 할 본분과 사명, 의무 등만큼은 잘 구현하며 아름다운 패자로 뇌리에 강하게 각인시켰다.

2위 창원 LG와 3위 서울 SK는 공교롭게도 두 팀의 정규리그 3승 3패가 서로 원정에서 이룬 부분이 상당히 흥미롭다. "집 떠나면 개 고생"이라는 말처럼 프로 선수들도 홈이 아닌 원정 가면 힘겨운 부분이 짙은데, 두 팀의 매치업만 놓고 보면 이러한 속설을 보기 좋게 깨뜨리지 않았나 싶다. 골득실 5점 차로 인해 4강 직행의 희비가 갈렸던 두 팀의 시리즈는 SK 쪽에 추가 쏠렸다. LG가 올 시즌 조상현 감독 부임과 함께 공-수에서 견고한 경기력을 뽐내며 정규리그 2위라는 성과를 이끌어냈지만, 단기전 내공과 경험치 등이 탄탄한 SK와 단기전에서 마주한다면 얘기가 달라지기 때문이다. 더군다나 인사이드의 절대자인 아셈 마레이가 정규리그 최종전 부상으로 팀 전열에서 이탈하는 마이너스도 LG에게는 큰 핸디캡과 같다. 그에 반해 SK는 6강 시리즈를 3:0으로 손쉽게 마무리하며 체력적인 회복 시간을 충분히 벌었고, 올 시즌 창원 원정에서 재미가 쏠쏠한 부분도 팀에 큰 고무적인 요소였다. 두 팀 모두 노란색(LG)과 빨간색(SK) 티셔츠로 팬들의 응원 물결을 퍼뜨린 가운데 1차전은 SK가 73:68, 5점 차 승리로 기분 좋게 장식하며 챔프전 진출에 청신호를 켰다. 1차전 패배를 만회하고 뒤집기를 노리는 LG와 시리즈를 빨리 매듭지으려는 SK의 기싸움은 더욱 불을 뿜었다. LG는 이재도, 이관희 등 핵심 코어들을 기반으로 활동적인 농구를 선보이며 SK를 물고 늘어졌고, SK는 김선형과 자밀 워니의 '원-투 펀치' 화력을 앞세운 빠른 농구와 허일영의 영양가 높은 외곽숏으로 2연속 스윕승에 대한 열망을 고스란히 내비쳤다. 1차전과 달리 2차전은 시종일관 쫄깃쫄깃한 레이스에 마지막까지 승부를 예측할 수 없을 정도로 스릴이 가득했지만, 끝내 2, 3차전 승리의 미소는 SK가 지었다. SK는 2차전 자밀 워니의 4쿼터 막판 5반칙 퇴장 공백에도 리온 윌리엄스의 위닝샷에 힘입어 창원실내체육관 분위기를 도서관으로 만들었고, 3차전 역시 LG의 후반 맹렬한 추격전에 1점 차까지 쫓겼음에도 고도의 집중력과 침착한 경기운영 등을 바탕으로 리드를 지켜내며 2경기 연속 1점 차 승리(2차전 92:91, 3차전 85:84)의 퍼즐을 끼워 맞췄다. SK는 김선형과 자밀 워니의 건재함 속에 허일영과 최부경, 최성원 등이 적재적소에 맡은 롤을 충실히 수행해내며 탄탄한 공—수 짜임새를 한껏 과시했고, 기밀한 경기운영과 잘 짜인 팀 시스템 등의 조화도 잘 어우러지며 2년 연속 챔프전 진출의 열매를 맺었다. LG는 아셈 마레이의 부재 속에 투 트랙 라인업과 공—수 짜임새 등을 적극적으로 활용하며 시리즈 난관 타개를 모색했지만, 시리즈 내내 막판 집중력 싸움의 2% 부족함을 나타내며 탈락의 쓴잔을 들이켰다. 올 시즌 조상현 감독 체제로 개편되면서 공—수 짜임새 높은 경기력, 활발한 로테이션 시스템 등으로 재미를 톡톡히 본 LG에게는 아셈 마레이의 부재가 너무나 뼈아프게 다가왔고, 아셈 마레이의 대체로 온 레지 페리와 나머지 선수들의 부조화 역시 큰 경기 경험과 내공 등이 탄탄한 SK를 맞아 마이너스로 다가오는 부메랑을 낳으면서 다음을 기약하게 됐다.

'봄의 제왕'을 향한 '마지막 승부'는 2년 연속 KGC인삼공사와 SK의 매치업으로 압축됐다. 공교롭게도 지난 시즌을 기점으로 신 라이벌 구도를 형성한 두 팀의 2년 연속 파이널은 양 팀 팬들을 체육관에 가득 메울 수 있는 최고의 흥행 카드고, 정규리그 6번의 매치업 전적의 3승 3패 호각세, 박진감 넘치는 경기력, 쫄깃쫄깃한 레이스 등 어느 하나 빠질 것이 없는 최고의 클라이맥스로 챔피언 타이틀의 동기부여를 더욱 끓어오르게 한다. '타이틀 방어'를 노리는 SK와 지난 시즌 쓰라림을 해소하려는 KGC인삼공사의 '마지막 승부'는 아니나 다를까 시리즈 내내 뜨겁다 못해 제대로 달아올랐다. 시리즈 전부터 티켓 예매가 피 튀기게 전개됐고, 예매 오픈하자마자 금세 모든 표가 동나는 등 리그 최고의 흥행 상품으로서 진면목을 어김없이 뽐냈다. 서울과 안양의 지리적인 거리가 가깝다는 메리트는 양 팀 팬들을 홈과 원정 할 것 없이 메우기에 최적격이었고, 신 라이벌 구도 형성에 따른 선수들의 경쟁의식 역시 팬들의 직관 구미를 절로 당기게 했다. 최고의 흥행 카드답게 챔프전 시리즈는 예상대로 흥미진진하게 전개됐다. SK와 KGC인삼공사가 나란히 1, 2차전(SK- 1차전, KGC인삼공사- 2차전)을 나눠 가지며 '장군멍군'을 부른 것도 모자라 3, 4차전 역시 KGC인삼공사와 SK가 각각 승리를 쟁취하며 시리즈가 장기전으로 향한 것. 두 팀 모두 큰 경기 경험과 내공 등이 탄탄한 팀답게 가지고 있는 특색을 적극적으로 활용하며 상대를 괴롭혔고, 벤치의 기밀한 경기운영과 고도의 집중력, 불굴의 투지 등도 시리즈를 찾은 팬들에 뜨거운 환호성을 절로 불러일으켰다. 2승 2패의 호각세 속에 5차전을 SK가 시즌 마지막 홈 경기를 승리로 장식하며 2년 연속 챔피언 타이틀 쟁취의 유리한 고지를 점령했고, 안양으로 이동해 치러진 6차전 역시 4쿼터 막판까지 리드를 쥐며 'V3' 실현이 목전에 다가오는 듯했다. 하지만 끝날 때까지는 끝난 것이 아니다. 안방에서 상대 들러리가 되기 싫다는 KGC인삼공사의 투지와 전투력은 기어이 6차전 4쿼터 막판 역전을 완성했고, 적극적인 수비로 상대 에러를 유발하면서 공격 효율을 잘 가져가는 등 어린이날을 맞아 체육관을 가득 메운 팬들에 어린이날 선물을 멋지게 안겨줬다. 그렇게 해서 시리즈는 기어이 '끝장'으로 향했고, 7차전 역시 시종일관 엎치락뒤치락하는 경기 양상에 4쿼터 막판까지 한시도 눈을 떼기 어려웠다. 이전과 차원이 다른 긴장감에 팬들의 시선은 코트 위 움직임을 절로 향했고, 빠른 템포와 강한 몸싸움 등이 자연스럽게 수반되며 농구의 묘미를 마음껏 선사했다. 여기에 두 팀 에이스들의 치열한 자존심 싸움과 용병들의 쇼다운, '주연' 뒤 숨겨진 '조연'들의 감초 활약 등 어느 하나 빠질 것이 없는 최고의 명승부로 자리했다.

2008-09 시즌 이후 13년 만에 챔프전 7차전이 성사됐는데, 시리즈 내내 용호상박이었던 시즌이 있었을까 싶을 정도로 이번 챔프전은 KBL 역사를 통틀어서도 최고의 시리즈 중 하나로 자리하기에 안성맞춤이었다. 4쿼터까지 승부를 가리지 못하면서 최후의 연장전에

돌입했고, 두 팀 모두 체력적인 부담 속에서도 챔피언 타이틀을 위해 가지고 있는 에너지를 모두 쥐어짜냈다. 순간적인 집중력에 의해 한 시즌 농사가 좌우되는 가혹한 시간이 점점 흘러갔고, 양 팀 벤치의 움직임 또한 바삐 돌아가면서 피를 더욱 진하게 말렸다. 용호상박, 명불허전 등이라는 수식어가 아깝지 않은 2022-23 시즌 프로농구 챔프전 '마지막 승부'는 경기종료 30초가 돼서야 조금씩 갈렸다. KGC인삼공사가 98:97 1점 차 근소한 리드를 안고 있던 경기종료 30초 전 오세근이 상대 반칙으로 얻은 자유투 2개를 침착하게 모두 성공시키며 격차를 3점으로 벌렸고, 침착한 경기운영과 고도의 집중력 등으로 SK 공격을 억제하며 안방에서 홈팬들과 'V4' 등극이 목전으로 다가왔다. 경기종료 3초 전 감동적인 장면이 체육관을 또 한번 달궜다. 다름 아닌 일찍이 은퇴 선언한 양희종이 코트 안에 투입된 것. 부상으로 성치 않은 몸 상태임에도 마지막 순간에 코트에서 동료들과 희열을 만끽하도록 배려한 KGC인삼공사 벤치의 용단에 장내 기립박수 세례가 아낌없이 이어졌다. 이미 은퇴식을 치른 상황이지만, 수년간 동고동락한 팀 동료들과 마지막을 코트에서 함께할 수 있다는 자체가 얼마나 황홀하고 행복한 일인가. 팀 레전드의 마지막 길에 수많은 팬은 울음 폭발 일보 직전이었고, 벤치에 있는 선수들 역시도 챔피언 축하 도열과 헹가래 스탠바이를 끝냈다. 1초라도 경기에 뛰는 것이 선수들에게 얼마나 소중한가를 새삼 느끼게 한다. 일반적으로 3초가 아무렇지 않게 느껴질 수 있지만, 학창 시절부터 수

많은 경기를 치러오면서 마침내 마지막을 마주하는 감정은 정말 북받쳐 오르지 않을까 싶다. 이 부분을 놓고 보면 운동선수뿐만 아니라 현대인들에게도 고하는 바가 분명하다. 제아무리 작은 일, 역할 등이라도 그 관계, 흔적 등은 굉장히 소중하고 추후 크나큰 자산, 무기가 될 수 있다는 것을. KGC인삼공사 벤치의 용단과 양희종의 현역 마지막 경기 출전이 어우러지면서 3초의 시간은 쏜살같이 지나갔고, 그렇게 100:97, KGC인삼공사의 3점 차 승리로 2022-23 시즌의 모든 여정이 마무리됐다. KGC인삼공사는 2승 3패로 열세에 있던 시리즈를 안방에서 내리 2연승 달성과 함께 뒤집으면서 2020-21 시즌 이후 2년 만에 챔피언 타이틀이자 2016-17 시즌 이후 6년 만에 통합 챔피언으로 'V4'의 값진 열매를 맺었고, 코로나19로 제약이 뒤따랐던 2020-21 시즌과 달리 안방에서 많은 홈팬들과 함께 챔피언 자축을 멋지게 장만하면서 기쁨을 더했다. 시즌 전 부동의 슈터 전성현과 사령탑 김승기 감독의 캐롯행으로 많은 우려가 존재했음에도 김상식 감독 체제 하에 활발한 모션 오펜스와 믿음, 신뢰 등이 팀에 뿌리를 내리면서 강팀의 뼈대를 단단히 했고, 베테랑 오세근과 양희종을 필두로 변준형, 문성곤 등 코어 전력들이 굳건함을 드러내며 팀 밸런스 안정감을 입혔다. 계속된 전력 출혈에도 새로운 스타일을 잘 접목시킨 효과가 결과 쟁취와 분위기 유지 등에도 고스란히 플러스를 안겼고, 지난 시즌 쓰라림을 만회하려는 동기부여 역시 팀 결속력을 더 단단하게 만들면서 KBL 신흥 명가의 입지도 단단히 했다. SK는 6차전 통한의 역전패를 딛고 초인적인 투지와 엄청난 에너지 레벨 등을 바탕으로 KGC인삼공사와 멋진 명승부를 연출해냈고, 김선형과 자밀 워니의 굳건한 위엄과 최성원의 폭발적인 외곽슛이 빛을 내면서 2년 연속 챔피언 타이틀을 목전에 두는 듯했지만, 집중력 싸움에서 KGC인삼공사에 2% 뒤진 모습을 보여주면서 아쉽게 준우승에 만족해야 했다. 비록 2년 연속 챔피언 타이틀의 뜻을 이루지는 못했어도 SK 역시 아름다운 패자로 팬들에 크나큰 감동을 안겼다. 올 시즌 안영준의 군 입대 공백과 시즌 초반 최준용의 부상 이탈 등을 딛고 시간이 흐를수록 팀이 제 궤도를 찾은 모습을 보여주면서 '디펜딩 챔피언'의 관록과 내공 등을 가감 없이 선보였고, 올 시즌 정규리그 MVP에 빛나는 에이스 김선형의 농익은 기량과 자밀 워니의 파괴력, 전희철 감독을 비롯한 코칭스태프의 기밀한 경기운영 등 어느 하나 빠짐없이 짜임새를 더하며 '짝-홀 징크스'마저 보기 좋게 깨뜨렸다. 특히 6라운드 전승과 함께 6강과 4강 플레이오프 연이은 스윕승은 팀으로서 견고함과 안정감 등을 동시에 입증했고, 핵심 선수들의 부재에도 기존 특색을 유지하면서 팀 경기력을 올리는 유연성 역시 팬들로부터 박수갈채를 이끄는 잣대가 되면서 향후 기대감을 더욱 높였다. 길고 길었던 대장정이 그렇게 마무리됐다.

매년 마찬가지지만, 올 시즌 역시 많은 스토리들의 창출로 팬들에 크나큰 감동과 기쁨 등을 안긴 부분에 있어서는 스포츠의 진짜 묘미를 선사하지 않았나 생각된다. 특히 이는 단기전에 들어오면서 더 고스란히 드러났다고 본다. 거리에 활짝 만개한 벚꽃과 함께 봄의 축제 일부 시리즈를 보면서 정규리그 때보다 더 크게 코트의 뜨거운 에너지를 팬들이 발산시킨 모습이 선수단과 일심동체를 형성했다고 해도 과언이 아니었고, 여가 생활을 향유하는 요소에 있어 봄나들이로 각자 좋아하는 팀의 선전을 기원하고 소망하는 것을 볼 때 애절함이 절로 느껴지면서 마치 고3 수험생을 둔 부모들이 자녀의 대학 입시 대박을 바라보는 모습과 크게 다를 바 없었다. 승리에 같이 기뻐하고 패배에 슬퍼하는 이 '희로애락(喜怒哀樂)'은 우리네 세상살이에서 다양한 일들에 의해 일어나는 각기 다른 결과물들이 오늘, 그 이후를 살아가는 데 하나의 자양분이라는 것을 일깨워주는 바이며, 설령 의도한 대로 결과가 나오지 않았다고 해도 크게 낙담하지 말고 하나의 프로세스라는 것을 확립하면 추후 분명 좋은 상황, 열매 등이 따라오리라 생각된다. 1등만 기억하는 스포츠의 냉혹한 운명에 모든 팀이 챔피언 타이틀의 일념을 가지고 시즌을 시작하는데, 시즌이 시작되고 나서 온갖 돌발상황과 가지고 있는 특색 구현의 미진함 등에 의해 팀 간 격차가 벌어진다. 아무래도 단일 시즌 결과에 의해 코칭스태프의 입지가 영향을 받다 보니 매 순간이 전쟁터와 같지만, 적어도 원하는 성과물 쟁취를 위해 모든 땀방울을 쏟아내려는 노력과 과정은 결코 버릴 것은 없다. 결과가 좋지 않더라도 과정이 잘 형성되면 일정 시간이 지났을 때 그 열매는 분명 풍성하게 따라올 것이고,

패배의 쓰라림이 다음, 그 이후 더 큰 희열로 승화된다면 많은 박수가 자연스럽게 이어지리라 생각된다.

사실 운동선수뿐만 아니라 일반인들은 취업, 승진 등 모든 부분에 있어 의도한 결과가 나오지 않으면 '벙어리 냉가슴'을 앓거나 '마음의 병'을 더 키우고는 하는데, 우리네 찬란한 인생을 개척하는 데 있어 하나의 프로세스이기에 멘탈적으로 너무 주저앉고 낙담하지 않는 것이 중요하다고 본다. 어차피 이 부분 자체가 한평생을 살아가는 데 자그마한 점에 불과하다. 단순히 한순간 결과에 일희일비하는 것이 아닌 긴 호흡, 안목 등을 바라보고 쭉 정진하는 모습이 필요한 이유가 되지 않을까? 그렇기에 챔피언 타이틀에 실패한 팀들도 올 시즌의 아쉬움을 거울삼아 다음, 그 이후 시즌 더 발전된 모습을 보여준다면 지난날의 쓰라림을 해소하는 것은 물론, 팀과 선수들 모두 더 크게 업그레이드를 꾀할 수 있는 동력을 마련할 것이라 믿어 의심치 않는다.

남녀노소에 관계없이 코트에서 '6번째 선수'로 선수들의 지원군을 자처하는 팬들이 있기에 스포츠의 본질과 가치는 더욱 상승한다는 것은 두말하면 입 아프고, KBL과 각 구단 모두 '팬 퍼스트' 정신을 잃지 않으면서 농구라는 상품의 콘텐츠 내실화, 팬 프렌들리 실현 등을 위해 더 노력해야 할 필요성이 분명하다. 그저 저 혼자 살자는 이기주의로 큰 발전을 가로막는 행태가 아닌 공동체, 협업자라는 인식을 가지고 발전적인 방향을 추구하는 것이 모두의 발전에 큰 플러스로 자리할 것은 너무나 당연한 얘기다. 올 시즌 챔프전의 연이은 매진 행렬과 함께 가시적인 성과가 나름 짭짤하게 나왔다고 이에 심취되지 말고 더 정진하는 모습을 보여주는 것이 팬들이 농구장을 여가 향유의 수단으로 삼게 되는 잣대가 되는 점을 모두가 간과해서는 안 될 것이다. 이뿐만 아니라 세상만사 많은 스트레스가 현대인들을 집요하게 괴롭히는데, 코트 위 뜨거운 열정과 투지 등을 보면서 묵은 스트레스를 조금이나마 해소하고 더 나아가 고정적인 팬덤 형성으로 각자 여가 향유 수단을 잘 가져간다면 개개인의 삶의 질 향상, 심신의 건강함 형성 등의 부수적인 효과도 크다. 필자 또한 나름대로 농구장 한 바퀴를 돌면서 이러한 모습을 보니 세상만사와 너무나 맞닿아있다는 것을, 또한 현대인들이 세상을 살아가는 데 있어 많은 울림과 메시지 등이 시합마다 고스란히 내포되어 있고, 이것이 큰 위로와 희망을 노래할 수 있는 하나의 동력이라는 것을 알게 되었다. 그렇게 길고 길었던 대장정의 마침표는 잠시 쉼표가 되면서 분명 또 다른 의미로 우리네 세상만사를 외치게 해줄 것이란 확신을 강하게 가져본다.

마치며

　　세상은 하루가 멀다 하고 빠르게 급변하고 있다. 2010년대 초반 스마트폰 보급, SNS 보편화 등 과거 상상할 수 없었던 광경이 현대 사회를 강타하고 있고, 2020년대 들어서는 전 세계를 뒤흔든 코로나19로 이전 평범했던 일상이 멈춰 서면서 비대면 시스템, 랜선 투어 등이 한동안 세계 일상을 관통하기도 했다. 이를 보면서 필자가 느낀 것이 있다. 바로 하루하루 발자취와 흔적 등을 남기는 것이 굉장히 소중하고 값진 것이라는 것을. 아무래도 코로나19가 전 세계적으로 굉장히 큰 이슈화되면서 이전 평범했던 일상이 멈춰 섰기에 더 그렇지 않나 싶다.

　　코로나19 이전에도 사실 잘 느끼지 못한 부분이었다. 스포츠 직관을 통해 방문지 경기장과 지역 명소 등을 방문하고 머릿속에만 저장해 둔 것에 대한 공허함이 많이 남아있었다. 그게 훗날 살아가는 데 있어 하나의 추억 장만 수단이 되기에 그렇지 않았나 생각된다. 2020년대 들어 1년 365일 중 뇌리에 남은 날을 기억하고 흔적이나 발자취 등을 남기는 것이 훗날 삶에 기억 창고가 되리라는 생각이 더 커졌다. 마침 코로나19로 전 세계 스포츠 역시 무관중 시대를 맞이하면서 직관의 묘미와 매력 등을 체감하지 못하게 됐고, 이에 대한 내면의 커진 응어리와 욕구 분출 등은 스포츠를 삶의 크나큰 점으로 인지하는 필자에게도 더 커져만 갔다. 2022년 4월 18일 윤석열 대통령 방침 하에 코로나19 사회적 거리 두기가 완전히 해제됐고, 그 이후에도 사회적으로 많은 사건사고와 스토리 등이 사회 각계 양산되면서 스포츠 직관과 투어의 콜라보레이션을 꾀하려는 욕구가 더 증폭됐다. 마침 스포츠, 즉 농구라는 스포츠가 우리네 세상만사와 많이 맞닿아있다는 점도 끌렸고, 그래서 필자가 농구장 직관과 지역 투어의 콜라보레이션을 통해 세상만사에 있어 하나의 위로와 희망 등을 같이 노래하고 호흡하는 부분을 책으로나마 함께하려는 결심을 굳히게 하지 않나 생각된다.

마침 2022년 10월 29일 '10.29 이태원 참사'를 비롯해 투어를 진행한 날마다 사회적으로 굵직굵직한 사건이 종종 일어났고, 슬픔과 불편함, 분노 등의 다양한 감정도 세상만사 모두를 담게 하지 않았나 생각된다. 그래도 농구장의 뜨거운 열정과 분위기 등과 함께 농구라는 스포츠에 담긴 스토리와 레이스, 특성 등은 현대인들에 크나큰 위로와 희망 등을 안겨다 주기에 부족함이 없고, 이를 토대로 팬들이 세상만사에 에너지를 얻는다면 그보다 값진 일은 없으리라 생각됐다. 필자 역시 머릿속에 지난날 발자취를 끄집어내는 부분이 만만치 않았지만, 농구장 직관과 투어, 세상만사의 조합에 상당한 흥미와 희열 등을 느끼게 해줬다. 이를 글로 옮기는 것이 녹록지 않았음에도 하루하루를 추억하고 기억하는 자체가 필자가 삶에 있어 얻은 하나의 배움이다. 그게 곧 훗날 좋은 씨앗이 되리라고 말이다.

도서 내용물들이 객관적 시각과 주관적 시각을 모두 가지고 기재한 것인 만큼 삶과 세상만사에 있어 참고용으로 삼으시면서 위로와 희망 등을 찾으시는 것이 아닐까 생각되며, 출판까지 많은 도움과 배려 등을 아끼지 않아주신 도서출판 생각나눔 관계자분들과 항상 많은 지지와 성원 등을 보내주는 가족들 등 모든 분께 감사드린다. 그와 함께 부족함이 많은 내용물에도 독자 여러분들 모두 내용물을 통해 저마다 추구하시는 삶을 쭉 개척하시길 바란다. 역대급 더위와 폭설 속에 2023년 한 해도 어느덧 종착역을 향해 치닫고 있다. 아마 위 책이 발간될 시기에는 2024년 '갑진년(甲辰年)' 푸른 용의 해(청룡의 해)가 밝아올 것이다. 한 해 유종의 미는 물론, 2024년 갑진년 새해 복 많이 받으시고 항상 건강 유의하시면서 저마다 하시는 일에 만사형통을 이루시길 바란다.

농구장 한 바퀴, 세상에 외치다

펴 낸 날 2024년 2월 8일

지 은 이   허지훈
펴 낸 이   이기성
기획편집   윤가영, 이지희, 서해주
표지디자인 윤가영
책임마케팅 강보현 김성욱
펴 낸 곳   도서출판 생각나눔
출판등록   제 2018-000288호
주   소   경기도 고양시 덕양구 청초로 66, 덕은리버워크 B동 1708, 1709호
전   화   02-325-5100
팩   스   02-325-5101
홈페이지   www.생각나눔.kr
이 메 일   bookmain@think-book.com

• 책값은 표지 뒷면에 표기되어 있습니다.
  ISBN   979-11-7048-661-9(03690)